KB252695

소리없는 소리

소리없는 소리

초판 1쇄 인쇄 | 2009년 4월 28일
초판 1쇄 발행 | 2009년 5월 2일

지은이 | 황명찬
펴낸이 | 이의성
펴낸곳 | 지혜의 나무

등록번호 | 제 1-2492호
주소 | 서울시 종로구 관훈동 198-16 남도빌딩 3층
전화 | 02)730-2211
팩스 | 02)730-2210

ISBN 978-89-89182-47-4 03220

과연 우리가 사는 곳이 고해인가?
왜 고해가 되었으며 그 원인은 무엇인가?

소리없는 소리

황명찬 지음

지혜의나무

우리는 이 험난한 세상을 살아가면서 누구나 다 크고 작은 고통과 괴로움을 겪는다. 잠시잠시 즐거운 때도 있고 고통이 적은 때도 있긴 하지만 이런저런 일로 괴로워하고 고통스러워하는 것이 마치 우리 인생의 숙명처럼 되어 있다.

먹고 살기가 어려워서 고통스럽고, 몸이 아파서 고통스럽고, 자기 집이 없어서 괴롭다. 직장이 없어서 괴롭고, 승진이 안 되어서 괴롭고, 돈이 잘 벌리지 않아서 고통스럽다. 직장에서, 사회에서, 가정에서 사람들과의 갈등 때문에 마음이 아프고 괴롭다. 그래서 불가에서는 우리가 사는 이 세상을 고해苦海라고 부른다.

구약 성서 창세기 편에 보면 인간은 '선악과'를 따 먹은 것을 계기로 낙원인 에덴 동산에서 쫓겨나서 고통의 세계에 살게 되었다.

'선악과'를 따 먹은 후 인간은 모든 것을 선과 악, 좋은 것과 나쁜 것, 시是와 비非 등 둘로 나누어 보는 습성이 생겨났다. 이 창세기 편이 시사하는 바는 시비 분별是非分別이 우리의 고통을 만들기 때문에 그러한 분별의 습관을 버리라고 가르치는 붓다의 가르침과 같은 것이다.

그리하여 나는 방편으로 '선악과'의 이야기를 이 글의 시작으로 택하였다.

왜 인간 세상은 고통의 세계가 되었으며, 그 고통의 세계에서 해방되려면 어떻게 하여야 하는가가 이 책의 주제가 되었다. 특히 이 글을 쓰게 된 직접적인 계기는 주위의 몇 분의 요청에 응하여 2008년 봄부터 6개월간 '선禪'에 관하여 강의를 하게 된 것이었다.

'선이란 무엇이며, 선 수행은 어떻게 하며, 선의 세계는 어떤 것인가? 그리고 예술에서 선은 어떤 모습인가? 등이 주제가 되었으며 그 교재를 토대로 정리한 것이 이 책이 된 것이다.

이 글이 나오기까지 원고 정리를 도맡아 해준 나의 제자 이강식 군에게 특별한 감사를 하고 싶다. 사무실의 일로 바쁠 터인데도 틈틈이 나의 악필 원고를 '워드'로 옮기는 작업을 하여 주어서 훨씬 책 내는 일이 쉽게 되었다. 다음으로 이 책의 표지와 책의 중간중간에 아름다운 그림을 그려 주신 최석운 화백에게 깊은 감사의 말을 드리고 싶다. 최 화백은 여러 가지 전시회에 출품할 작품의 준비로 참으로 바쁘신데도 불구하고 이 보잘것없는 책을 위하여 그림을 그려 주시기로 하여 무어라 감사한 마음을 표현하기 어렵다.

　끝으로 나의 저서 『개구리가 참선을 한다』, 『마음』에 이어 이 책의 출판을 기꺼이 맡아 주신 출판사 지혜의 나무 이의성 사장님과 편집 팀에게 깊은 감사를 드린다.

2009년 3월

저자 황명찬

목차

마음 쓰는 법

마음의 구조와 작용

선과 깨침의 세계

선과 문화

낙원과 고해

 우리가 사는 이 생활 세계를 고통이 가득한 곳이라는 뜻으로 고해苦海라고 한다.

과연 우리가 사는 곳이 고해인가? 왜 고해가 되었으며 그 원인은 무엇인가? 그리고 과연 우리의 생활 세계가 고해라면 어떻게 하여야 그로부터 탈출하여 저 고통이 없는 낙원으로 돌아갈 수 있는가? 우리가 잃어버린 낙원을 되찾는 방법은 무엇인가? 이 글의 목적은 이러한 질문에 대하여 하나하나 해답을 찾고자 하는 데 있다.

더 없는 최고의 깨달음을 얻은 사람을 붓다라고 한다. 고타마 붓다는 2,550여 년 전에 보리수 밑에서 큰 깨침을 얻고 그가 깨친 진리를 어떻게 사람들에게 전할까 하고 많이 고민하였다.

처음에는 깨친 진리를 곧바로 설했지만 세속적 지식과 그릇된 견해로 굳어진 사람들이 도저히 이해할 수 없음을 알고 다시 기초부터 차근차근 가르치기 시작하였다. 초등학교에서 기초부터 가르치듯이 이 세상이 어떻게 고통으로 가득하며 우리가 어떻게 그 고통으로부터 해탈할 수 있는가를 가르치기 시작하였다.

그것이 이른바 네 가지 성스러운 진리, 즉 사성제四聖諦이다. 세상의 모든 것은 괴로움이요一切皆苦, 고苦에는 원인이 있고, 그 원인이 소멸하면 고가 소멸하며, 고의 소멸을 위한 여덟 가지 수행법八正道이 그것이다.

불교의 전통대로 하면 그러한 방식으로 문제를 풀어 나가는 것이 좋겠지만 여기서는 좀 색다른 접근을 시도하고자 한다. 여기에서는 구약 성서 창세기의 '선악과' 이야기를 가지고 시작해 보려 한다. 구약 성서에 의하면 인간은 선악과를 따 먹고부터 낙원에서 추방되고 고통스러운 생활을 시작하였다.

그리하여 '낙원과 고해' 에서는 선악과를 따 먹은 사실이 무엇을 의미하는지를 비롯하여 그것을 따 먹기 전과 따 먹은 후의 인간의 마음과 인간 세상의 특징이 무엇인지 등을 살펴본다. '선과 수행' 에서는 인간이 고해인 이 언덕此岸에서 낙원인 저 언덕彼岸으로 가려면 어떻게 수행을 하여야 하는가를 소개한다. 그 다음 '마음 쓰는 법' 은 금강경을 중심으로 마음 쓰는 법을 소개하고 '마음의 구조와 작용' 은 우리의 인식 문제와 심층의 마음을 닦는 문제를 다룬다. '선과 깨침의 세계' 는 깨침을 얻기 위하여 치열하게 수행했던 선 수행자들의 일화와 어록을 통하여 선의 세계와 깨침의 세계가 어떤 것인가를 소개한다. '선과 문화' 는 시詩나 무술 등 문화 예술 분야에서 선이 어떤 모

습을 하는지를 살펴본다. '가상 현실'과 '까마귀 생각'은 우리의 인
식 문제 등 우리 생활 세계의 여러 가지 문제들을 통하여 우리가 지녀
야 할 올바른 마음가짐과 범하기 쉬운 착각들을 일깨워 준다. ✈

실낙원失樂園과 선악과의 의미

구약 성서 창세기 편에 이런 이야기가 나온다. 아담과 이브는 '그것을 먹으면 죽을 것'이므로 따 먹지 말라는 '선악 지식의 나무 열매, 속칭 선악과'를 따 먹은 죄로 낙원인 에덴 동산에서 추방된다. 그리고 그때부터 여자는 아기 낳는 고통, 남자는 일하는 고통을 비롯한 인간의 모든 고통이 시작된다.

이 창세기 편이 시사하는 바는 인간이 선악과를 따 먹었기 때문에 낙원인 에덴 동산에서 쫓겨나게 되었다는 사실이다. 인간은 선악과를 따 먹음으로서 비로소 모든 것을 '선'과 '악', '시是'와 '비非', '옳은 것'과 '옳지 않은 것', '좋은 것'과 '싫은 것'으로 나누어 보는, 분별分別하는 습관이 생겼으며 이러한 분별심이 모든 인간 고통의 원인이 되었다는 것이다. 그리고 그러한 분별심이 낙원에서 인간을 쫓겨나게 하였다.

거꾸로 이야기하면 인간은 분별심을 버리고 모든 것을 시와 비로

나누어 보지 않으면 선악과를 따 먹기 전의 상태인 낙원으로 돌아갈

수 있다는 것이다.

 인간이 선악과를 따 먹고 선과 악, 시와 비, 옳고 그름을 분별하게 된 것은 인류 역사상 하나의 큰 사건이 아닐 수 없다.

선악과를 먹은 것을 계기로 인간은 낙원에서 고통의 세계로 전락하였기 때문이다.

창세기 편의 사건을 상징적으로 해석하면 인간이 모든 것을 시是와 비非로 인식하고 판단하게 됨으로써 우리의 생활 세계에 시비와 갈등과 싸움戰爭이 시작된 것이라 할 수 있다.

우리의 이웃과 이웃간, 나라와 나라간, 심지어는 가족간에도 시비와 갈등, 그리고 싸움은 그칠 날이 없으니 말이다. 물론 잠시잠시 싸움이 없는 때도 있기는 하지만 그것은 그야말로 잠시일 뿐이다. 나는 이것이 '옳다'고 보는데 다른 사람은 그것이 '그르다'고 본다.

어떤 사람들은 낙태를 찬성하는데 다른 사람들은 낙태는 옳지 않은 일이라고 반대한다. 또 어떤 사람들은 대학교에 기부금을 내고 입

학하는 것이 필요하다고 주장하는데 다른 사람들은 그것은 공평하지 않으므로 해서는 안 된다고 주장한다. 그리하여 우리의 생활 세계에서는 시비와 갈등이 그치질 않는다. 그야말로 세상은 고해이다. 그런 고통 속에서 우리는 건강으로, 돈으로, 권력으로, 명예로 잠시잠시 행복감을 느끼며 살아간다.

그러나 그러한 것들은 인간 행복의 튼튼한 기초가 되지 못한다. 마치 마약 중독자가 마약이 떨어졌을 때처럼 건강을 잃거나, 부를 잃거나, 권력을 잃거나, 명예를 잃으면 우리는 큰 고통을 받게 된다.

각인된 시비 분별是非分別의 습관

남과 시비하고 싸우면 고통스럽다. 그리하여 그것을 피하려고 해보지만 잘되질 않는다. 그것은 모든 것을 '옳은 것'과 '옳지 않은 것', '시是'와 '비非'로 나누어 보는 우리의 습성이 우리 마음속 깊은 곳에 각인되어 있기 때문이다. 그것은 마치 컴퓨터의 프로그램처럼 아주 오랫동안 우리 마음 깊은 곳에 내장되어 있다.

우리는 어린아이들이 어머니 뱃속에 있을 때부터 태교를 통하여 좋은 것과 싫은 것을 태아의 의식 속에 심고 있으며 그 아이가 태어나서 자라는 동안에도 가정에서, 학교에서, 그리고 사회에서 계속 선과 악, 시와 비를 분별하는 습관을 길러 주고 있다.

성인이 되어 사회 생활을 하는 동안에도 우리 스스로 매일매일 '선악과'를 먹고 있으며 아이들에게도 그것을 먹게 하고 있다. 까마귀가 본래 '흉한 새'가 아닌데도 불구하고 우리는 그것을 흉한 새라고 분별하여 인식한다. 그것은 우리 부모로부터 그리고 사회로부터 교육

되고 습관화된 인식이다. 우리가 흉한 새라고 보는 까마귀는 일본에
서는 결코 흉한 새가 아니다.

　이와 같이 우리가 하는 인식과 판단은 모두 과거에 우리의 마음속 깊은 곳에 각인되어 심어진 것^{imprint}이며 그것이 어떤 계기를 만나 우리의 의식의 표면으로 떠오른 것이다.

인간의 본래 모습과 타락

인간은 선악과를 따 먹은 후 시비 분별을 하게 되었고 그 것이 인간을 낙원에서 추방되게 만든 원인이 되었다.

선악과를 따 먹기 전의 인간의 마음이 우리의 본래 모습眞面目이다. 선악과를 따 먹은 후의 마음이 타락한 마음, 오염된 마음이라면 그전의 마음은 깨끗한 본연의 마음이다. 따 먹은 후의 마음이 둘로 나누어 보는 마음이라면 그전의 마음은 무분별無分別의 마음이요, 불이不二의 마음이다. 따 먹은 후의 마음은 시비하고 싸우는 마음인데 그전의 마음은 싸우지 않는 마음이요, 사랑하는 마음이다.

따 먹은 후의 마음은 모든 것을 이것과 저것, 나와 너, 옳은 것과 그른 것, 시와 비, 생과 사, 남과 여 등으로 나누어 보는 대립하는 상대相對의 마음인데 그전의 마음은 모든 상대와 갈등과 시비가 없는 절대의 마음이다.

우리가 남과 시비하고 싸우고 나면 마음이 몹시 아프고 괴로운 것은 그것이 우리 마음의 본래의 참모습이 아니기 때문이다. 우리 마음의 본성은 시비하지 아니하고 화평하며 사랑하는 마음이다.

낙원으로 돌아간다

우리가 선악과를 따 먹은 후 살게 된 고통의 바다苦海에서 탈출하여 고통이 없는 낙원으로 다시 돌아가려면 엄청난 수행과 노력이 있어야 한다. 그것은 시비 분별하는 버릇이 어제 오늘에 생긴 것이 아니고 아주 오랜 세월 동안 형성된 것이기 때문이며 우리의 심층의 마음속에 각인된 프로그램이기 때문이다.

지금 우리가 살고 있는 생활 세계는 모든 것이 '너'와 '나', '시'와 '비' 등 두 가지로 나누어진 상대 세계이며 시비와 갈등의 세계이며 고통의 세계이다. 그에 비하여 선악과를 따 먹기 전의 세계는 낙원이며, 열반의 세계이며 불이不二의 절대 진리의 세계이다. 이 절대 진리의 세계, 열반의 세계를 피안彼岸이라고 하고 우리가 사는 고통의 세계를 차안此岸이라 부른다. 고통의 세계인 차안에서 저 열반의 세계인 피안으로 가는 것을 바라밀다到彼岸, Paramita라고 한다. 이 고통의 세계를 벗어나는 것이 해탈이며 수행을 하여 다시 잃어버린 낙원으로 돌아가서 인간 본래의 모습을 되찾는 것을 견성見性이라 한다. 견성이란 선악과를 따 먹기 전의 깨끗하고 천연한 인간 본래의 마음을 보고 깨치는 것을 말한다.

이것이 바로 중국 선불교의 6조 혜능이 혜명에게 "선善도 생각하지 말고 악惡도 생각하지 말라. 그때 혜명의 진면목眞面目은 무엇인가?" 하며 넌지시 암시한 그 본래의 마음 자리이다. ➤

달마 대사는 "견성이 선이다見性爲禪."라고 말했다. 우리의 본래의 마음을 보고 깨치는 것이 곧 선이다. 따라서 선의 목적은 우리의 본성the nature of one's own being을 보아 깨치는 데 있다.

선에 관한 세계적 권위자인 스즈키D. T. Suzuki는, "본래 주체와 대상의 분리는 없으며 모든 분별과 구분은 후에 만들어진 것이다. 그러므로 선의 목적은 본래의 불이不二의 경험을 회복하는 것이다. 바꾸어 말하면 본래의 깨끗하고 투명한 상태로 돌아가는 것이다. 이것이 선에서 분별 망상을 버려야 하는 이유이다."라고 말했다. 그는 선은 우리로 하여금 어떤 분별의 관념도 없는 공의 세계로 우리를 안내한다고 지적한다.

달마나 스즈키는 결국 선악과를 먹기 전의 마음을 보는 것이 선이며 본래의 깨끗한 우리의 본성으로 돌아가는 것이 선이라고 말한다. 그곳은 모든 상대와 분별이 없는 절대 진리의 세계이다. 선악과를 따 먹은 후 인간이 만든 말과 개념과 논리는 모두 둘로 나누어 보는 분별에 기초하고 있다. 따라서 이러한 말과 개념과 논리를 가지고는 선악과를 따 먹기 전의 세계를 설명할 수도 없고 이해할 수도 없다. 그러므로 법화경에서는, "이 법은 보일 수도 없는 것이요, 언어와 문자의 길이 끊어졌나니 일체 중생의 무리 능히 깨치는 자 없으며…"라고 설하고 있다.

인간의 참성품을 어떻게 말로 표현할 수 있겠으며 불이不二의 절대 진리를 어떻게 우리의 분별에 기초한 언어와 개념을 가지고 표현하고 설명할 수 있겠는가. 그리하여 대승기신론大乘起信論에서, "진리 그 자체는 상 있음도 아니고非有相, 상 없음도 아니며非無相, 상 있음과 없음 두 가지도 아니며非有無俱相, 상 있음과 상 없음 둘 아닌 것도 아니다非非有相非非無相."라고 한다.

'있다'도 '없다'도 아니고 그 두 가지를 조합한 어떤 것도 아니라고 하여 상대 세계에서 쓰는 우리의 개념을 모두 부정한다. 우리의 생활 세계에서 우리는 '이다'와 '아니다', '있다'와 '없다'와 같은 표현으로 현상을 설명한다. "무지개는 반달의 모양이다." "아니다, 그것은 원의 모양이다."와 같은 표현으로 현상을 설명한다. 이러한 우리의 표현 방법은 선악과를 먹기 전의 세계, 진리의 세계를 설명하는 데는 아무 쓸모가 없다. 그 세계는 불이不二의 세계이며 상대가 없는 절대 진리의 세계이기 때문이다.

그러므로 관념과 사유로는 견성할 수 없고 오로지 몸과 마음으로 직접 체험하여 깨치는 길밖에는 없는 것이다. 그것은 마치 사랑이 무엇인지 생각하여 아는 것이 아니고 사랑을 직접 체험하여야 아는 것과 같은 이치다. 그러므로 법화경 안락행품에서, "우리가 거꾸로 알아 모든 현상이 있다 없다, 실이다 실이 아니다是實非實, 난다 나지 않는다是生非生고 분별한다. 그러므로 한가하고 조용한 곳에서 마음을 가다듬고 수행하여 수미산같이 흔들림이 없고 편안한 마음에 머물러야 한다."고 설하고 있다. 다시 말하면 우리의 생활에서 몸과 마음이 항상 편안하고 즐거우려면 시비 분별을 하지 말아야 한다는 것이다.

우리가 이와 같이 수행하여 견성하고 우리 본래의 마음을 회복하면 그것을 무분별지無分別智, 또는 무이지無二智라고 부르며 반야바라밀의 지혜라고도 부른다.

중국의 승찬 대사도 그의 신심명信心銘에서, "지극한 도는 어렵지 않으니 오직 좋다 나쁘다 분별하는 것을 피하라. 단지 미워하고 사랑하지 않으면 밝게 분명히 깨치리라至道無難 唯嫌揀擇 但莫憎愛 洞然明白." 하고 우리의 분별하는 마음分別心을 버려야 견성할 수 있다고 말한다.

대승기신론에서는 대체로 다음과 같이 설명한다.

"모든 현상과 사물은 망념 때문에 차별이 있게 되고 망념에 의한 분별을 떠나면 모든 차별적인 현상은 사라진다. 진리는 차별의 모습을 떠나 있는데 그것은 망념의 분별이 조금도 붙을 수 없기 때문이다. 그러므로 깨달음이란 마음 자체가 분별을 떠났다는 말이다. 그러면 이 세계가 차별 없는 한 모양이 되며 이것을 평등한 진리, 그 자체라

하고 본각本覺이라고 한다."

우리의 수행이 높아 '분별을 초월한 마음無分別心'을 체득하여야 붓다의 지혜佛智와 진리眞如를 얻고 자유자재의 경지에 이른다고 하였다.

불이_{不二}의 마음과 지혜

선악과를 따 먹은 후 고통의 세계에 살게 된 인간이 잃어버린 낙원으로 다시 돌아가는 것은 모든 것을 선과 악, 시와 비 등 둘로 나누어 분별하는 마음을 버리고 불이不二의 마음을 회복하는 것이다.

그것이 곧 우리의 본성을 회복하는 일이다. 그것이 시비와 상대를 초월한 사랑의 마음이고 절대 불이不二의 마음이다. 절대 불이의 마음을 다룬 경전이 바로 『유마경』이다.

유마경은, "차별이란 친소, 원근, 이해득실 등의 차별이다. 이러한 차별 밖에 있으면 마음은 언제나 평화롭다."고 설하며 전도된 생각에서 허망 분별이 생기고 이 허망 분별에서 탐욕이 생긴다. 그리고 탐욕이 고통의 원인이라고 말한다.

유마거사는 미륵보살에게 "붓다에 의하면 모든 존재는 '있는 그대로'인 진여tathata이다. 깨침에는 분별의 생각이 없다."고 말하고 어떻

게 불이不二의 문에 들어가느냐고 묻는 문수보살에게 침묵으로써 대답한다. 우리가 사용하는 언어와 개념들은 불이의 세계를 표현하기에 적합하지 않기 때문에 불이의 절대 진리가 무엇이냐고 물을 때 유마거사는 결국 입을 닫고 침묵을 지킨 것이다.

우리의 의식은 모든 것을 좋은 것과 싫은 것, 즐거운 것과 즐겁지 않은 것으로 분별하고 즐거운 것은 가지려고 욕심을 내고 강하게 집착한다. 싫은 것은 멀리하고 배척한다. 이렇게 하면서 나와 상대가 계속 나누어지고 굳어져서 우리는 결국 좋아하고 싫어하는 이 상대의 세계에서 계속 나고 죽는 슬픔과 괴로움, 그리고 절망을 겪으며 살아간다.

『능가경』은 깨치지 못한 사람들은,

① 대상 세계의 본질은 마음 이외에 아무것도 아닌 것을 모르고,

② 있다有와 없다無 두 가지로 나누는 이분적 견해二分的 見解에 떨어지고,

③ 그러한 견해의 습기에 젖어 외계의 대상을 진실實이라 인식하고 그에 집착한다.

고 지적하고 있다.

이것이 우리 인간들이 매일매일 선악과를 먹으면서 하게 되는 그릇된 분별이다. 그리하여 이러한 그릇된 분별에서 벗어나게 되면 본래의 무분별지無分別智를 회복하게 되고 사물의 궁극적 진리를 알게 된다. 그것은 사물을 이분법적 관념二分法的 觀念의 틀이 아닌 '있는

그대로의 모습'으로 파악하는 것을 의미한다. 그것을 진여^{tathata}라고 한다. 그러므로 절대적 진리를 설한 법화경 방편품에서 붓다는 '분별 없는 법^{無分別法}'을 설한다고 선언한다. 궁극적인 진리는 분별의 상대를 초월한 진리로서 '분별 없는' 진리이며 법화경은 그러한 진리를 설한 경전이라는 것이다. ➤

자유인

 끝없는 탄생과 윤회를 거듭하며

이 몸을 누가 형성하였는가.

찾으려고

헛되이 찾고 또 찾았네.

끊임없이 태어나고 죽는 것이 얼마나 고통스러운 일인가.

드디어 나는 그 만드는 자를 찾았노라.

이 연약한 몸을 그대가 다시는 만드는 일이 없을 것이다.

죄악의 모든 서까래는 부러졌고 무명의 기둥은 다 붕괴되었다.

모든 탐욕을 다 끝내고 이 마음은 니르바나의 즐거움을 얻었노라.

이것은 붓다가 정각을 이룬 후에 한 말이라고 한다.

그동안 나를 만들고 나를 탄생과 윤회를 거듭하게 하는 그것을 붓
다는 깨닫고 드디어 모든 괴로움과 속박에서 해탈하고 대 열반을 얻

게 되었다.

무의식의 덩어리인 아뢰야식심층의 마음이 이 몸과 이 세계를 만들고 매일매일 살아가는 우리의 의식 세계를 지배한다. 우리가 하는 생각과 말과 행동은 그 흔적imprint을 우리의 심층의 마음인 무의식 속에 씨앗으로 남기고 그 흔적은 때가 되면 우리의 의식의 표면으로 떠올라 다시 우리의 생각과 말과 행동을 결정한다.

까마귀는 '흉한 새'라는 우리의 인식도 그러한 깊은 마음속에 심어진 씨앗이 인식으로 의식의 표면으로 나타난 것이다. 이와 같은 씨앗들은 어머니 뱃속에 있을 때부터 태어나서 사는 동안에도, 그리고 죽어서 또 다시 태어나고 사는 동안에도 우리의 생각과 말과 행동으로 계속하여 우리 심층의 마음속에 심어지며 그 씨앗은 또 때가 되면 우리의 의식의 표면으로 떠올라 우리의 사고와 말과 행동을 좌우한다.

이것은 마치 컴퓨터 프로그램과 같은 것이다. 요즘 비행기는 대개 자동 항법 장치가 설치되어 있는데 항로의 좌표와 고도 등 모든 비행 정보가 미리 프로그램으로 컴퓨터에 입력되어 있어 비행기를 자동으로 일정한 항로를 따라 비행할 수 있게 한다.

그것처럼 우리 마음속 깊게 입력된 우리의 지식, 정보, 판단, 가치관 등이 우리의 생각과 말과 행동을 결정한다. 그러므로 담배가 해롭다고 끊어야겠다고 작심하지만 그것이 잘 되지 않는다. 그동안 내 마음속에 심어 놓은 씨앗인 '습관의 힘'이 너무도 크기 때문이다. 그것을 고치려면 이미 입력된 프로그램에서 해방되어야 한다. 그때 그는 진정한 자유인이 된다.

구약 성서 창세기 편에 보면 최초의 인간인 아담과 이브는 따 먹지 말라는 '선악 지식의 나무' 열매를 따 먹고 '좋은 것'과 '나쁜 것', '선과 악'을 구분하게 되었다. 그들은 그 선악과를 따 먹었기 때문에 에덴 동산이란 낙원에서 추방되었다.

그들의 후손들도 계속하여 매일매일 '좋은 것'과 '나쁜 것'을 분별하는 것을 부모로부터, 사회로부터 배워 그것은 우리 인간의 습관이 되었다. 말하자면 우리는 매일 선악과를 스스로 따 먹고 있으며 그것을 아이들에게도 따 먹게 가르치고 있다. 무엇이든 둘로 나누어 보고 시비是非하고 급기야 싸움까지 하게 하는 프로그램을 입력시키고 있는 셈이다.

붓다는 이것을 깨닫고 해탈을 얻고 자유인이 된 것이다. 말하자면 그는 그 분별과 고통의 프로그램을 다 해체하여 버리고 자비와 행복의 프로그램으로 바꾸어 놓은 것이다. 선과 악으로 시是와 비非로 나누어 계속 싸우는 우리 인간들에게 '사랑하라'고 가르친 예수도 우리 마음속 깊은 곳에 입력 되어 있는 분별의 프로그램을 보았기 때문일 것이다.

잃어버린 낙원을 다시 찾으려면 더 이상 선악과를 먹는 대신 사랑의 열매를 먹고 사랑의 씨앗을 우리의 심층의 마음속에 심어야 한다.

행복의 길

최초의 인간인 아담과 이브가 '선악과'를 따 먹기 전의 '청정하고 천연스러운' 마음은 아직 시(是)와 비(非)로 나누어 보기 전의 마음이며 불이(不二)의 마음이요, 갈등과 싸움이 없는 사랑의 마음이다.

그것이 우리의 본성인 참마음이다. 우리가 남과 시비를 다투고 나면 마음이 불편하고 아픈 것은 시비하고 싸우는 것이 우리의 본성에 어긋나는 것이기 때문이다. 시비하고 다투면 마음만 불편한 게 아니고 몸에 힘이 쭉 빠지고 여기저기 아프기까지 한 것은 시비와 다툼이 우리의 마음이 '있어야 하는 본래의 모습'이 아니기 때문이다.

반대로 서로 사랑하고 시비의 다툼이 없는 평화로운 관계를 갖게 되면 마음이 편안하고 온몸에 힘이 넘쳐 행복감을 느끼는 것은 그것이 우리 마음의 본래 모습이기 때문이다. 그러므로 장자는 마음이 시비를 잊으면 자연 상태에 있게 되어 평안하다(知忘是非 心之適也)고 한 것이다.

시비로 갈등하는 마음은 마치 발에 맞지 않는 신발을 신고 있을 때처럼 불편하고 고통스럽다. 예수가 원수까지도 사랑하라고 가르친 것도 인간의 본래 모습을 회복하라고 한 말씀이다. 붓다가 둘이 아닌 不二 한마음으로 자비를 실천하라고 가르친 것도 선악과를 따 먹기 전의 시비 분별로 오염되지 않은 마음, 깨끗한 마음으로 돌아가라는 말씀이다.

그와 같이 모든 것을 시비是非나 유무有無 등 둘로 나누어 보는 습성을 버리는 것이 중도中道를 성취하는 것이다.

모든 것을 둘로 나누어 보는 것은 괴로움의 길이요, 불이不二의 참마음으로 돌아가는 것이 행복의 길이기 때문이다. 그 길이 '선악과'를 따 먹고 잃어버린 낙원을 다시 찾는 길이다.

선과 수행

달마대사는, "견성이 곧 선이다. 만일 견성하는 것이 아니면 그것은 선이 아니다見性爲禪 若不見性 卽非禪也."고 말한다.

선의 목적은 자기 존재의 본 성품을 보는 데 있다. 그것은 다시 말하면 선악과를 따 먹기 전의 깨끗한 본래의 모습으로 돌아가는 것이다. 그것은 우리 마음의 본성을 보는 것이며 시비 분별로 오염되기 전의 마음을 보는 것이다. 그 마음은 사랑의 마음이요, 시비를 떠난 평화의 마음이다.

우리가 남과 싸우고 마음이 아픈 것은 싸우는 것이 우리의 본래 모습에 어긋나기 때문이다. 남과 싸우고 남을 죽이는 사람을 누구나 다 싫어하는 것은 그렇게 싸우고 죽이는 것이 우리의 본성에 어긋나기 때문이다. 자기 이익만 생각하고 남을 해치는 사람을 우리가 싫어하는 것도 이기심과 남을 해치는 것이 우리의 본성이 아니기 때문이다. 남에게 베풀 줄 모르고 인색한 사람을 모든 사람이 싫어하고 미워하는 것도 인색함이 우리 인간의 본성이 아니기 때문이다. 우리의 본 성품은 깨끗하고 사랑하는 마음이기 때문에 그러한 사람을 보면 누구나 다 좋아한다.

선악과를 따 먹고 시비하고 싸우는 고통의 세계에서 살게 된 인간이 그 고통에서 해방되려면 수행을 하여 우리의 그 깨끗한 불이不二의 본 성품을 보고 깨쳐야 한다. 우리의 본 성품을 보는 것이 선이기 때문에 선의 수행법으로 어떤 한 가지만을 고집할 필요는 없다.

견성을 위한 선 수행법으로 여러 가지가 있지만 우리나라에서 가장 많이 사용하는 것이 화두 참선법이다. 그것은 화두를 들고 마음을 화두 하나에 집중하여 견성하는 방법이다. 그 다음으로 염불 수행법이 있다. 아미타불의 명호를 염송하는 것으로 하루에 5만 번씩 "나무 아미타불" 하고 염송하는 수행자도 있다고 한다.

중국의 천태종에서는 지관법이라는 참선 수행법 외에도 소의 경전인 법화경을 독송하는 것을 수행의 한 방법으로 삼고 있다. 천태지자 대사는 법화경을 독송하는 가운데 마음이 크게 열려 견성의 체험을 하였다고 전해진다.

이러한 방법과 병행하여 만트라mantra, 즉 진언眞言을 염송하는 경우도 있다. 일본의 천태종에서는 법화경의 독송과 함께 "나무 묘법연화경"을 만트라로 염송하고 염불종에서는 염불 외에 아미타불의 진언을 염송하기도 한다.

우리의 참마음이 무엇인가를 잘 분석하여 보여 주는 능엄경에 보

46

면 붓다의 제자들과 보살들이 자기의 견성 체험을 이야기하는 대목
이 있다. 그곳에 25가지 사례가 제시되고 있는 것만 보아도 견성하는
방법은 참으로 다양함을 알 수 있다. 그중에서 문수보살은 관음보살
의 이근원통耳根圓通의 수행법을 아난다와 같이 수행이 미숙한 사람
에게 적합한 방법이라고 권고한다. 화두가 마음 집중 방법으로 등장
하기 이전 중국 선불교에서는 이와 같이 곧바른 마음을 보는 수행의
방법이 주로 사용되었다고 볼 수 있다.

6조 혜능대사는, "머무는 바 없이 마음을 내라"는 금강경의 한 구
절을 듣는 순간 곧바로 견성을 체험하게 되었다고 한다. 지관법이나
화두 참선법, 염불법 등 모든 수행법의 핵심은 우리의 번뇌하는 마음
을 한 곳에 집중하여 모든 번뇌를 제거하고 깊은 삼매에 들어 우리 마
음의 참성품을 보는 데 있다. ☞

수행을 위한 준비

수행을 바르게 하려면 몇 가지 준비해야 할 점에 주의하여야 한다.

첫째로, 음식을 조절해야 한다. 절대 과식을 하지 말고 소화가 잘되는 음식을 먹어야 한다. 속이 어느 정도 비어 있어야 졸음도 없고 호흡하기도 편하다.

둘째로, 인과응보를 굳게 믿어야 한다. 우리가 하는 모든 생각, 말, 그리고 행동은 우리의 깊은 마음속에 녹음하듯이 씨앗으로 저장되었다가 때가 되어 계기만 있으면 즉시 결과로서 다시 나타난다. 콩 심으면 콩 나오고 팥 심으면 팥이 나오듯 우리의 모든 행동은 결과를 가져온다. 선행을 하면 좋은 과보를 받고 악행을 하면 나쁜 과보를 받게된다. 수행을 올바르게 하면 언젠가 반드시 견성과 깨침이라는 과보가 나타난다는 것을 굳게 믿어야 한다. 조금 해보다가 금방 효과가 없다고 포기하면 안 된다.

셋째로, 매일 정해진 시간에 조용한 곳에서 참선을 하건, 경을 독송하건, 만트라를 외우건 꾸준히 하여야 한다. 아침에 일어나서 세수하고 밥 먹듯 수행도 하루의 일과 같이 하는 것이 좋다.

넷째로, 수행자의 마음가짐을 항상 유지하여야 한다.

① 보시布施를 하여야 한다.

우선 인색한 마음을 버리고 남을 배려하는 마음을 가지고 베풀어야 한다.

② 지계持戒를 해야 한다.

살생을 아니 하는 등 인간으로서의 도리를 지키고 수행자가 지켜야 할 기본적인 계율과 도덕을 지켜야 한다.

③ 인욕忍辱하여야 한다.

싫어하는 마음을 없애서 평등하게 대하고 화 나는 일이 있어도 굳게 참아야 한다.

④ 정진精進해야 한다.

정진이 없으면 어떻게 무엇을 이룰 수 있겠는가. 모든 것은 자기가 노력한 만큼 거두게 되어 있다.

⑤ 선정禪定을 유지헤야 한다.

명상할 때나 평상시 활동할 때나 항상 평화스럽고 고요한 마음을 유지하여야 한다.

⑥ 지혜智慧를 가져야 한다.

여기에서 말하는 지혜란 보통의 지혜가 아니고 모든 것이 비어 공空하다는 것을 아는 반야의 지혜를 말한다.

다섯째로, 명상 수행 중이나 평상시나 항상 깨어 있는 마음을 유지해야 한다. 자기의 호흡에, 생각에, 느낌에, 자기의 모든 행동에 대하여 깨어 있는 마음으로 관觀하여야 한다.

듣는 마음을 본다

『능엄경』에는 붓다의 제자들과 보살들이 실제로 체험한 견성의 25가지 사례가 소개되고 있다. 그 가운데 초심자들에게 적합한 것이라고 추천한 것이 관음보살의 이근원통耳根圓通의 수행법이다.

"그는 처음에 듣는 것을 대상인 소리에서 소리를 듣는 마음에 돌려서 듣는 기관을 듣는 대상에서 분리하였다. 그리하여 소리와 집중하는 마음 두 가지를 다 버려서 시끄러움과 조용함 모두가 사라지게 되었다. 그렇게 한 단계 한 단계 나아가서 들음과 대상인 소리가 모두 사라졌다. 그러나 그는 거기에서 멈추지 않고 계속 나아갔다. 그리하여 듣는 주체와 대상이 모두 텅 빈 공空의 경지에 이르렀다. 그때 생성과 소멸, 생과 사, 무명과 깨침, 중생과 부처 등의 구분이 모두 소멸한 절대의 단계인 열반의 경계가 나타났다."고 견성의 체험을 말하고 있다.

이와 같이 외계의 대상에 향한 우리의 번뇌심을 되돌려 대상을 인

식하는 우리의 마음 자체를 관하여 우리 마음의 본 성품을 보게 한다
는 관음보살의 수행법은 원각경의 가르침과도 일치한다.

우리의 마음은 본래부터 완전히 깨친 상태에 있는 것이지만 무명
으로 인하여 인식 주체인 '나'가 있고 인식의 대상이 그와 독립하여
별개로 존재한다는 생각이 장애가 되어 미망의 세계에 살고 있다고
한다.

이와 같이 실재하지 않는 주체와 객체의 나누어짐을 다 버리고 나
면 본래부터 갖추고 있는 지혜와 깨침本覺이 드러난다고 한다. 그것
을 원각경에서는 인식 주체와 대상을 모두 허공에 핀 꽃과 같은 환幻
이라고 하여 그것을 모두 버리면 깨침이 그대로 드러난다고 한다.
『금강경』에서 아상我相, 인상人相, 중생상衆生相 등을 버리면 곧 그것
이 깨침이라고 하는 것과 같다.

그리하여 금강경은, "모든 상을 다 떠난 사람이 곧 깨친 붓다이다離
一切諸相 卽名諸佛."라고 설한다.

선 수행의 첫 단계는 끊임없이 일어나고 흐르는 우리의 생각과 번뇌를 멈추는 것이며 이것이 가장 어려운 일이다. 번뇌를 멈추지 않고는 삼매에 들 수 없고 깊은 삼매 없이는 견성은 어렵다고 선불교는 보고 있다. 그리하여 등장한 방법이 화두이다.

화두는 한 생각 일어나기 전의 마음을 말하며 그것은 생각하는 마음을 멈추기 위하여 사용하는 한 가지 생각이라 할 수 있다. 한 가지 생각에 우리 마음을 집중하여 모든 백 가지 생각을 막아 마음의 집중을 달성하는 방법이다.

누가 조주선사에게, "개에게도 불성이 있습니까?" 하고 물었는데 "무無" 하고 대답했다고 한다. 왜 무라고 했을까, 하고 의심 참구하는 것이 무자 화두이다. "염불하고 있는 나는 누구인가?" 하는 것도 화두이며, "이 뭐꼬?"도 같은 류의 화두이다.

선불교에서는 붓다로부터 마하가섭을 거쳐 중국에 선불교를 전한 달마대사에 이르기까지 그 맥이 이어지고 있다고 한다.

붓다가 대중에게 연꽃 한 송이를 들어 보이고 그 뜻을 오직 마하가섭만이 알고 미소를 지었다고 한다. 그 이후 선사들은 제자들이 그 자신의 마음의 본 성품을 보게끔 여러 가지 방편을 써 왔다. 말을 하기도 하고, 소리를 지르기도 하고 몽둥이로 때리기도 하였다. 이 모든 것이 다 견성을 할 수 있게끔 사용한 방편이다. 그런데 시대가 발전함에 따라 그 옛날에 비하여 사람들의 번뇌가 더욱 많고 깊어서 수행자들이 견성하기가 점차 어려워졌다.

그리하여 등장하게 된 방법의 하나가 화두라고 한다. 언제부터인가는 분명치 않지만 중국의 '황니에' 스님은 그의 제자들에게 화두를 보라고 가르쳤고, 12세기경 대혜종고대사가 선 수행법으로 화두를 강력하게 주장하였다.

적어도 달마에서 6조 혜능의 시기까지는 물론이고 그 이후 상당 기간 동안 수행자들은 화두 이외의 방법으로 견성하였다고 할 수 있다.

중국에서 화두가 주된 선 수행의 방법으로 쓰인 것은 원대元代 이후의 일이다.

지관止觀의 명상법

이른바 지관의 수행법止觀法은 모든 명상 수행의 기초가 된다. 천태지관법도 있고 원각경에도 있지만 여기에 소개하는 지관법은 티베트의 딜고 키엔체Dilgo Khyentse가 소개한 것이다.

명상을 하려면 우선 우리의 분주한 마음을 조용히 쉬게 하여 마음을 적정寂靜하게 하여야 한다. 그것을 지止, 또는 사마타samatha라 하는데 호흡을 하나에서부터 열까지 세고 다시 하나부터 반복하는 수식법數息法과 붓다의 모습을 상세하게 떠올려 보는 관불법觀佛法이 있다. 이렇게 하여 분주한 마음이 가라앉아 잔잔한 호수같이 되면 그때 관법觀法, 또는 비파사나vipasanya를 시작한다.

관법은 '호흡을 세는 나', '관불을 하는 나'는 누구인가를 참구하는 것이다. 그것은 결국 자기 마음을 깊게 관하여 그 마음의 본성이 '텅 비어' 있되 '밝게 아는 것'임을 깨닫는 것이다.

이렇게 마음의 공성空性과 밝은 성품을 깨치고 더 나아가서 그 관

의 방법을 주위 사물에까지 확대해 나가서 사물이 본질적으로 비어 있다는 것法空을 깨치게 된다.

이와 같이 지관법을 명상 중에 행하고 일상생활에까지 적용해 가면 결국 모든 현상은 마음의 나툼이고 그 마음마저 본질상 비어 있음을 알게 된다. 그리하여 보는 자와 보이는 대상이 별개라는 관념이 완전히 소멸하게 된다.

그것을 불이不二의 무분별지無分別智라 한다.

흐르는 생각을 지켜보다

내가 처음 참선을 시작하였을 때 가부좌한 다리와 무릎이 몹시 아픈 것도 큰 고통이었지만 무엇보다 괴로운 것은 끊임없이 일어나는 여러 가지 생각과 망상이었다. 그렇게 많은 잡다한 번뇌와 망상이 수시로 일어났다 사라지는 것을 인식한 것도 그때가 처음이었다.

그러고 보니 일할 때도, 잠시 쉴 때도 그러하고 밥 먹고 뒤 볼 때도 한시도 생각은 멈추질 않는다. 잠자리에 들어도 번뇌와 망상은 끊이질 않고 꿈속에서도 나타나 우리의 마음을 어지럽힌다. 여러 가지 생각에 파묻혀 있을 때는 내가 생각과 번뇌에 시달리고 있는지조차 인식하지 못할 때가 많다.

화나는 생각에, 미워하는 생각에, 질투하는 마음에 휩쓸려 미친 듯한 행동을 하고 나서 어느 정도 시간이 지나 마음이 다시 제자리로 돌아온 후가 되어야 비로소 번뇌 망상이 일진광풍과 같이 내 마음속을 휩쓸고 지나간 것을 뒤늦게 알게 된다.

장마가 나서 물살이 거세지고 폭류가 되어 흐르는 강물에 빠져 떠내려가면 목숨을 잃을 수 있다. 마찬가지로 생각과 번뇌 망상의 폭류에 빠져 휩쓸려 버리면 우리의 마음은 죽을 듯 괴롭다.

참선 중이나 일상생활 속에 행주좌와行住坐臥 어느 때라도 마치 강둑에 앉아서 흐르는 강물을 바라보듯이 우리를 괴롭히는 생각과 망상을 무심히 바라보면 그들은 더 이상 우리를 괴롭히지 못한다.

이와 같이 일어났다 사라지는 우리의 생각과 망상을 지켜보는 것이 바로 깨어 있음이요, 그것이 참선이고 정진이다. 그것이 가장 좋은 지계持戒가 된다.

집안에 어른이 계시면 아이들이 질서 정연하게 행동하듯이 우리의 마음이 항상 깨어 있어 우리의 망상을 관觀한다면 우리 마음은 무심無心이 되어 평화롭다.

이 세상의 모든 현상처럼 생각도 생겼다生, 머물다住, 변하고異, 드디어 소멸滅한다. 마명보살의 대승기신론에 의하면 망령된 생각과 행동이 다 지나간 후滅相에야 비로소 그것을 깨닫는 사람은 수행이 낮은 범부·중생이고 생각이 수시로 변하는 것異相을 깨쳐 알고 모든 집착을 끊는 사람이 아라한이다.

생각의 머무는 모습住相을 밝게 알고 분별하는 번뇌·망상을 떠난 이가 보살이며 한 생각이 최초로 일어나는 마음 자리生相를 훤히 보아 마음의 근원인 한마음을 깨친 사람을 부처라고 한다. 그때 비로소

그는 모든 미세한 번뇌·망상까지 떠나서 항상 완전히 '깨어 있게'
된다.

자비 명상

티베트 불교에는 여러 가지 재미있는 수련법이 있다. 그 가운데 우리의 관심을 끌만한 것이 바로 자비 명상이다. 자비 명상이란 자비심을 길러 자비행慈悲行을 하도록 하는 명상 수련법이다.

명상 자세를 하고 수식數息이나 관불觀佛 등을 통하여 마음을 고요히 가다듬은 다음에 남의 고통과 불행을 숨을 들이마시며 다 거두어 내게로 가져와서 내 마음의 밝은 빛으로 녹여 없애고 숨을 내쉴 때 나의 행복을 내보내서 불행한 이들에게 주는 것이다. 이것을 '주고받기 giving and taking' 의 명상이라고도 부른다.

처음에는 자기와 아주 가까운 사람으로부터 시작하여 점차 전혀 모르거나 자기와 아주 관계가 나쁜 원수에게까지 확대하여 나간다고 한다. 그러려면 우선 마음가짐부터 달라야 한다. 지나온 수백 세 동안 그 사람들이 모두 한때 나의 어머니나 아버지였을 것이라고 생각한다.

어려움에 처한 내 부모에 대하여 불쌍하고 안타까운 마음을 가지
듯 다른 사람들에게 대하여 자비심을 갖는 것이다. 그렇게 하면 결국
자기의 이기적인 마음이 극복된다고 한다.

법화경

붓다는 2,550여 년 전, 30대에 6년 고행 끝에 인도의 부다 가야의 보리수 밑에서 위없는 바른 깨달음을 얻고 49년 간이란 오랜 동안 많은 사람들을 교화하고 80세에 열반하였다.

법화경을 소의경전所依經典으로 삼는 천태종天台宗에 의하면 붓다는 제일 처음 화엄경을 설했다. 그랬는데 그것을 듣고 이해하는 사람이 아무도 없었다고 한다. 화엄경은 처음부터 깨친 붓다의 세계를 상세히 묘사하고 그러한 깨침의 세계에 이르기 위한 보살의 수행 단계에 대하여 설하고 있다.

말하자면 인간이 선악 지식의 나무 열매를 따 먹기 전의 세계인 낙원과 그 낙원에 이르는 수행 방법에 대하여 곧바로 설명을 하였으니 사람들이 도저히 이해할 수 없었다.

그리하여 붓다는 다시 우리 인간이 살고 있는 고통의 세계에서 부터 차근차근 가르치기 시작하였다. 그것이 바로 네 가지 성스러운 진리四聖諦라는 가르침이다.

① 우리가 살고 있는 이 세상의 모든 것은 괴로움이다一切皆苦.

② 그 괴로움에는 원인이 있으며

③ 탐욕이란 원인을 제거하면 괴로움이 소멸한다.

④ 그리고 그 괴로움을 소멸하기 위한 여덟 가지 바른 수행의 길八正道이 있다고 설했다.

그리고 우리가 '있다', '없다' 하고 두 가지 극단으로 나누어 보는 분별을 초월하라고 중도中道를 가르쳤다. 이러한 가르침들이 이른바 아함시의 가르침으로 12년간 지속되었다.

그 다음 방등시8년간라고 하는데 이 시기에 설하였다는 유마경은 모든 것을 두 가지 카테고리로 나누어 보는 우리의 시비 분별을 버리라고 처음부터 끝까지 가르친다. 이것이 이른바 불이不二의 법문이다. 모든 것을 '있다'와 '없다', '옳다'와 '그르다' 등 둘로 나누어 분별하여 보는 뿌리 깊은 습성이 고통의 원인이 되고 있으니 그것을 고치라고 가르친 것이다.

유마경의 가르침에 의하면 분별함이 없는 것을 공空이라 한다. 이 분별함이 없는 공의 세계가 선악과를 따 먹기 전의 세계이다. 다음의 시기가 반야시로서 자신의 해탈만을 생각하는 소승의 제자들에게 다른 고통 받는 사람들을 고통에서 구하는 대승으로 나아가라고 가르치고 모든 것은 본성이 비어 있다는 공空을 가르쳤다. '나'도 없고 '나'와 상대되는 대상도 없는 절대 불이不二의 공의 세계를 가르친 것이다. 이 세계가 바로 선악과를 따 먹기 전의 세계이다. 방등시에 가르치기 시작한 분별의 초월은 반야시에 이르러 공의 가르침으로 완성되었다. 반야심경, 금강경 등 반야 계통의 가르침은 20년간 계속되었다고 하는데 그것은 공이 그만큼 중요하기도 하고 사람들에게 이해시키기도 어려웠기 때문이었을 것이다.

마지막 시기가 법화 열반시로서 8년간 법화경과 하루 동안의 열반경을 가르친 시기이다. 지난 40여 년간 붓다의 가르침은 고해苦海에서 받는 인간의 고통에서 출발하여 그 원인이 되는 둘로 나누어 보는 시비 분별의 극복을 거쳐 드디어 공의 세계인 선악과 이전의 낙원에 도달하였다. 수행자들이 힘을 얻고 준비가 된 후에 이르러 드디어 진실의 법문인 법화경을 설하게 된 것이다.

법화3부경의 하나인 무량의경은, "……40여 년 동안 진실을 나타내지 아니 하였다."고 말하고 있으며 법화경은, "세존은 설법한 지 오랜 뒤에 반드시 진실법"인 법화경을 설한다고 말한다.

법화경에서는, "모든 사람들이 여러 가지 고통을 받고 그로부터 해탈하려고 애쓰는 것을 보고 그들에게 여러 가지 방편으로 설법을 하였다. 이제 중생들이 힘을 얻어 준비된 뒤에야 이 법화경을 설한다."고 말한다.

법화경은, ① 붓다가 열반에 들 때가 됐고 ② 중생들이 청정하고 신심이 깊고 아는 것이 견고하며 ③ 공을 통달하고了達空法 ④ 깊이 선정에 든 것深入禪定을 알면 그때 이 법화경을 설한다고 말하고 있다.

지금까지 붓다의 가르침을 듣고 수행하여 온 수행자들은 성불이라는 마지막 단계에 와 있다. 법화경은 이 마지막 단계를 보물이 있는 곳이라고 한다. 그리하여 법화경 서품은 그러한 수행자인 보살들이 "붓다에게서 많은 수행의 덕을 쌓고 자비로 몸과 마음을 닦고 붓다의 지혜에 잘 들며 공의 큰 지혜에 통달하여 피안에 도달하고到於彼岸 많은 곳에서 많은 중생을 능히 제도한다."고 묘사하고 있다.

수행자가 수행하여 낙원인 피안에 도달하였지만 그는 보살인 까닭에 다시 고통받고 있는 많은 사람들이 있는 고해로 다시 돌아오지 않을 수 없다. 자기만의 행복을 생각하는 것이 보살이 아니고 많은 고통받는 사람들을 고통에서 건져 내는 일이 보살의 본분이기 때문이다.

요즘 우리나라에서는 금강경이 수행의 주 텍스트로 사용되고 있지만 중국의 초기 선종에서는 법화경과 능엄경이 선승들의 텍스트로 많이 읽혔다고 한다. 그리하여 남회근 선생은 '불교 수행법 강의'에서, "법화경과 능엄경은 선종의 양대 경전입니다."라고 선언하고 있다. 그에 의하면 과거 깊은 삼매를 닦았던 많은 고승들은 법화경의 가르침을 따라 수행하였다고 한다.

혜사대사는 '법화경 안락행의'에서, "법화경은 대승의 단박에 깨치는 법頓悟이며 스승 없이 스스로 깨쳐無師自悟 곧바로 부처 이루는 길이니 온갖 세간 사람들이 믿기 어려운 법문이다. 모든 새로 배우는 사람들이 대승을 구하여 온갖 보살의 지위를 뛰어넘어 바로 부처를 이루고자 하면 반드시 지계持戒 인욕忍辱으로 정진하여 부지런히 선정禪定을 닦고 마음을 오로지 하여 법화삼매를 힘써 배워야 한다."고 말하고 있다. 🦋

가 보니 그곳이 여기더라 : 법화 수행

법화경은 누구나 다 붓다가 될 수 있다고 한다. 붓다는 모든 존재와 현상의 참된 실상實相을 아는 지혜를 가지고 모든 사람들을 고해에서 제도하는 깨친 사람이다.

사물을 '있는 그대로 보는 것'을 진여tathata라고 하고 그렇게 보는 이를 여래, 즉 타다가타tathagata라고 부른다. 사물을 있는 그대로 보는 것은 두 가지로 분별하여 보지 않는 다는 뜻이다. 그렇게 깨친 사람이 되어 자비심을 가지고 중생 제도에 임하여야 붓다라고 할 수 있다.

법화경 법사품은, "여래가 열반한 후에 어떤 사람이 이 묘법연화경의 한 게송, 한 구절이라도 듣고 잠깐만이라도 따라 기뻐하는 사람에게 내가 최고의 깨달음을 약속하노라." 하고 설한다.

법화 수행은 법화경의 가르침을 믿고信 그것을 지녀 독송하여 그 가르침을 이해하고解 그 가르침을 생활 속에서 실천行하는 것이다.

그렇게 수행하다 보면 언젠가 깨쳐證 성불하게 된다.

법화 수행자는 항상 여래의 방에서 여래의 옷을 입고 여래의 자리에 앉아서 독송하고 사경하고 또 가르쳐야 한다. 여래의 방如來室이라 함은 대자비심大慈悲心이요, 여래의 옷如來依이라 함은 유화인욕심柔和忍辱心이요, 여래의 자리如來座라 함은 모든 것이 공하다一切法空고 아는 것이다.

이 생활 세계에서 먹고 살기 바쁜 생활인에게는 이 법화 수행이 아주 손쉽고 빠른 길이 된다. 그것은 크게 두 가지 이유 때문이다. 하나는 법화경이 제일의 진실 법문이라는 점이요, 다른 하나는 법화경이 가지고 있는 붓다의 위신력 때문이다.

우주의 본체인 본불本佛의 위력이 그대로 들어 있는 것이 법화경이며 그 법화경을 접하고 독송하는 사람을 크게 정화하고 변화시켜 모든 것을 바르게 아는 지혜인 일체종지一切種智에 눈뜨게 하기 때문이다.

법화경 안락행품安樂行品에서 수행자는 한가하고 조용한 곳에 머물며在於閑處, 항상 좌선을 좋아하고常好坐禪, 그 마음을 거두어 집중한다收攝其心. 그리고 그는 모든 사물과 현상이 공하여 있는 그대로가 실상임을 관하라觀一切諸法空如實相고 설한다. 모든 현상이 공하여一切諸法 空無所有, 머무름도 없고 사라짐도 없음無有常住亦無起滅을 바르게 알고 중도中道를 깨치라고 한다. 말하자면 이것이 법화 수행의 지관법止觀法이다.

그리하여 그는 사물이 본성을 쫓아 나타나지만 항상 스스로 열반 Nirvana의 모양을 취하고 있음諸法從本來 常自寂滅相을 깨닫는다. 그에게 있어서 진리란 현실과 동떨어진 것이 아니고 우리의 생활 세계가 곧 진리의 모습이다是法住法位 世間相常住. 다시 말하면 진리는 진리의 위치를 지키고 있지만 항상 세간의 모습을 띠고 있다. 그리하여 우리가 먹고 살기 위하여 하는 모든 생산 활동은 어느 것 하나 실상, 즉 진리에 위배되는 것이 없다一切治生産業, 皆與實相不相違背.

깨치고 보면 상대 세계가 곧 절대 진리의 세계이고 생사의 세계가 곧 열반의 세계이다. 고통의 이 언덕에서 열반의 저 언덕에 이르고 보니 저 언덕이 곧 이 언덕이다. 법화 수행은 지관의 명상과 법화경의 독송을 병행하여 그 마음의 본성이 고요하면서 항상 비치고寂而相照 비치면서 항상 고요함照而常寂을 깨치고 생활 세계가 곧 니르바나요, 진리의 세계임을 아는 것이다. ➤

요가Yoga 수행

길거리를 다니다 보면 골목마다 요가 수련하는 곳이 많이 보인다. 그만큼 요가에 대한 수요가 많고 인기가 있기 때문일 것이다. 몸이 이곳저곳 아프기 때문에 그곳을 찾는 사람도 있고 날씬한 몸매를 유지하려고 가는 사람도 있다.

그러나 요가는 우리가 생각하듯이 아픈 곳을 치유하고 건강을 유지하고 날씬한 몸매를 만드는 데 그 목적이 국한된 것이 아니다.

요가는 건강은 물론이고 한 걸음 더 나아가서 사람과 사물의 참성품을 스스로 깨치고 아직 깨치지 못하여 고통받는 다른 사람들을 돕는 데 그 목적이 있다고 한다.

우리의 몸이 이곳저곳 아픈 것은 우리 몸속을 흐르는 에너지의 통로가 여기저기 막혀 있기 때문인데 그것을 뚫어서 아픈 통증을 제거하는 방법의 하나가 바로 요가의 동작이다. 이것은 '몸의 외부에서' 통증을 치유하는 방법이고 요가 명상을 하여 마음을 깨치고 그 결과로 아픈 곳을 치유하는 방법이 '몸의 내부에서' 치유하는 방법이다.

몸에 통증을 유발하는 에너지 통로의 막힘은 왜 생기는가? 그것은 분노, 증오, 경쟁 등 나쁜 부정적인 생각이나 욕망, 교만, 소유와 같은 부정적인 생각을 많이 하기 때문이라고 한다.

인체는 거미줄 같은 에너지의 통로인 밝은 빛의 망luminous channels 으로 연결되어 있다. 그 가운데서도 중요한 통로가 셋이 있는데 척추를 따라 왼쪽과 오른쪽으로 흐르는 통로와 가운데로 흐르는 통로가 그것이다. 이 좌우의 통로는 몇 군데에서 가운데 통로를 휘감고 있는데 그 속을 흐르는 나쁜 생각들이 힘이 강하면 팽창하면서 휘감은 부분의 중앙 통로를 막아 버린다. 그 결과로 좋은 생각들과 에너지가 흐르는 가운데 통로가 막혀 버리고 몸의 곳곳에 통증이 발생한다고 한다.

통로는 에너지가 흐르는 곳이다. 그 에너지를 따라 우리가 하는 나쁜 생각과 좋은 생각들이 함께 흐른다. 우리가 남을 미워하다 급기야 언쟁을 하고 나면 온몸에 힘이 빠지는 것은 다 이 때문이다.

반면에 긍정적이고 남을 사랑하고 또 사랑을 받으면 좋은 생각이 온몸을 흘러 힘이 난다.

그러면 나쁜 부정적 생각을 아니하고 항상 좋은 긍정적 생각만을 하면 만사 좋겠는데 그것이 그렇게 마음먹은 대로 되질 않는다. 여기에 요가 명상이 필요한 이유가 있다. 사물과 사람의 본성을 알고 진리를 깨치기 전에는 우리의 마음에서 나쁜 부정적 생각과 번뇌 망상을 완전히 제거할 수가 없다. 그것은 명상을 통하여 진리를 깨쳐야 비로소 가능하다.

모든 것은 본질적으로 비어 있다고 확실히 깨치면 그 사람은 요가의 완성 상태인 빛의 존재being of light가 되어 태양이 동시에 여러 곳을 비추듯 많은 고통 받는 사람을 동시에 구원할 수 있는 존재가 된다.

글 쓰는 펜이 본질상 '글 쓰는 펜'이 아니다. 그것은 비어 있기 때문에 무엇으로도 될 수 있다. 위기 시에는 사람을 '찌르는 무기'도 될 수 있다. 마찬가지로 우리의 몸도 본질상 비어 있기 때문에 '빛의 존재'도 될 수 있다.

파인만이란 과학자는 하나의 전자가 동시에 서로 다른 두 개의 구멍을 통과하는 것을 실험으로 보여 주었다. 하나의 입자가 동시에 여기도 있고 저기에도 있을 수 있다는 것이다. 사람도 빛의 존재가 되면 동시에 여기에서도 저기에서도 사람들을 돕는 일이 가능하다. 그를 대일여래大日如來라 한다.

명상과 건강

「유심」이란 잡지가 있다. 2007년 가을호에 명상을 통하여 위암을 치료한 분의 이야기가 실려 있다.

그분은 6년 전에 위암 선고를 받고 잘라 내야 한다는 의사에게 두 달만 시간을 달라고 하면서 수술을 하지 않고 명상을 하면서 스스로 낫게 하였다.

평소에 늘 하던 명상을 하면서 그 마음에 쌓인 '미움'을 버렸다고 한다. 첫째, 아침저녁으로 부인과 마주보고 '미운 마음의 찌꺼기'를 버리고 둘째, 두려움을 극복하였다. 두려움의 뿌리인 자기의 과오를 뉘우치고 자기가 잘못한 사람들에게 용서를 구한 것이다. 셋째, 자기 최면을 통하여 자기의 참나眞我에게 '여기 아파' 하고 신호를 보내고 사진에서 본 영상을 떠올리면서 '미안하다. 떠나가 다오' 하고 암세포에게 말했다고 한다.

아침저녁으로 한 시간씩 명상을 하였더니 두 달이 지나자 붉은

반점만 남아 있고 6개월 후 검사해 보니 암이 다 나아 깨끗해졌다고 한다.

병은 마음에서 온다고 그분은 믿고 있었으며 강한 스트레스가 암을 만든다고 믿고 있었다. 그는 그러한 자기 확신 하에 명상을 하면서 마음에서 모든 미움과 분노를 몰아내고 마음을 화평하게 하고 추가로 쑥뜸을 뜬 것 이외에 어떤 약도 쓰지 않았다고 한다.

내가 아는 청암스님도 그렇게 마음으로 위암을 치료하였다고 말한 적이 있다.

내가 아는 어떤 분은 한때 '광장 공황증'이란 심각한 병 아닌 병을 앓았다. 그는 그것으로 3년여를 고생하였다. 아무 이유도 없이 마음이 불안하여 잠도 잘 수가 없고 집에 가만히 앉아 있을 수도 없었다. 이곳저곳 계속 걷기만 한 때도 여러 번 있었다. 곧 숨도 쉬지 못하고 죽을 것만 같아서 병원의 응급실 앞을 서성거리기도 여러 번 하였고 실제로 응급실에 들어가서 응급 치료를 받기도 하였다. 하도 답답하여 정신과를 찾아갔더니 '광장 공황증'이라고 하면서 약을 주었는데 약을 먹고 좀 자고 나면 또다시 불안한 증세가 계속 반복되었다. 외과, 내과, 한방 다 다녀 보았지만 별 소용이 없었고 자기 스스로 고쳐야 한다고 하더란다.

그때 그는 스님들 책을 많이 읽게 되었는데 그중에서 틱낫한 스님의 '걷기 명상' 법을 읽고 그대로 하였다. 숨을 들이마시며 마음속으로 '마음의 평화' 하고 숨을 내쉬며 '얼굴엔 미소' 하면서 걸었는데 참으로 신기하게도 조금씩 마음이 가라앉기 시작하였다고 한다.

그리하여 그는 약도 쓰지 않고 그 치료하기 어렵다는 '광장 공황증' 인가 하는 병을 완치하였다. 그분은 지금도 명상을 계속하고 있다. 그는 명상이 얼마나 좋은 것인가를 체험으로 알고 있기 때문이다. ✈

마음과 건강

여기에 소개하는 것은 SBS가 특선 건강 스페셜로 2008년 6월 22일과 6월 29일 2회에 걸쳐 방송한 전홍순 박사의 강의 내용이다. 전 박사는 외과 의사로서 대체 의학을 연구하고 있는 분이다.

그분은 대체 의학의 입장에서 우리의 건강에 중요한 요소로 간주되는 다섯 가지를 제시한다. 그는 ① 호흡 ② 음식 ③ 운동 ④ 관계 ⑤ 마음의 다섯 가지를 들고 있는데 그 중에서도 마음이 가장 중요한 요소라고 한다. 전 박사는 앞의 네 가지를 아무리 잘하여도 몸에 생긴 병이 잘 치유되지 않더라고 한다.

그는 우리의 몸은 마치 영화관의 스크린과 같고 우리의 마음은 영화 필름과 같다고 한다. 스크린에 나타나는 여러 가지 영상은 필름에 있는 것이 비친 것이듯 우리 몸의 병도 우리 마음에 그 원인이 있다고 하였다. 병을 고치려면 마음이 바뀌어야 한다. 마음이란 정보가 실려 있는 에너지로서 마음을 바꾸면 유전자 코드와 활동을 변화시킬 수 있다고 한다.

우리의 마음은 모든 인체의 장기와 연결되어 있어 슬프면 눈에서 눈물이 나고 기쁘면 웃음이 난다. 불안하고 두려우면 가슴이 두근거리고 식은땀이 난다.

복숭아 알레르기가 있는 사람에게 눈을 감게 하고 사과를 복숭아라고 속여서 볼에 갖다 대니 알레르기가 생겼다고 한다. 그러면 우리의 마음을 어떻게 바꿀 수 있는가? 그는 환자들을 치료할 때 환자들의 마음속에 있는 '분노'와 '두려움'을 제거하는 것이 매우 중요하다고 한다.

분노는 '내가 옳다'는 생각에 뿌리를 두고 있다. 어떤 환자는 자기 형에게 배신당했다고 생각하고 분노하는 마음이 가득했다고 한다. 그에게 매일 산책하면서 우선, "나는 이렇게 분노하고 있구나" 하고 스스로 인식하게 하고 돌아올 때는 그 형을 용서하고 더 나아가서 축복하게 하였다. 그리하여 그의 병은 많이 나아졌다.

전 박사가 제시하는 마음 바꾸는 방법은 크게 세 가지가 있다. 그 세 가지 방법은 모두 불교의 명상법인데 그것을 의학 분야에 응용하고 있는 것이다.

하나는 수식법數息法으로 준비 단계로서 우선 환자의 마음의 평화를 찾는 단계이다. 호흡을 하나에서부터 열까지 계속 반복하여 세는 방법으로 들뜬 마음을 가라앉히는 데 필요하다.

둘째는 만트라mantra방법이다. 협심증 환자에게 숨을 내쉬면서 '마음의 평화' 하고 마음속으로 말하게 하였다. 아침저녁으로 20분씩 하니 큰 효과가 있었다. 편두통을 심하게 앓고 있는 기독교인 학생에게도, "주님이 나를 구원하셨네!" 하고 10여 분씩 조석으로 하게 하여 2개월이 지나서 약을 먹지 않아도 될 정도까지 좋아졌다. 암 수술 후 재발하지나 않을까 늘 두려움에 떨고 있는 불교도인 환자에게는, "병과 죽음은 본래 없네!" 하고 마음속으로 말하게 하였다.

셋째가 상상법^{visualization}이다. 어떤 의사는 암 환자에게 방사선 치료를 하면서 강렬한 빛이 암세포에 닿아서 아이스크림이 녹아 없어지듯이 암세포가 사라지는 것을 마음속으로 생생하게 상상하게 하였다. 그렇게 하지 않은 환자에 비하여 효과가 좋았으며 마지막에는 방사선 치료를 하지 않고 이 상상법만을 하게 하였다. 즉 강한 빛이 비쳐서 암세포가 다 녹아 없어지는 것을 마음속에서 상상하게 하였는데도 치유에 큰 효과가 있었다고 한다.

전 박사는 결론적으로 마음 쓰는 법을 잘 알고 있으면 건강을 지킬 수 있으며 병이란 자기의 삶과 마음을 고칠 수 있는 좋은 기회이며 선물이라고 한다. 그리고 그것은 동시에 우리가 영적으로 성장할 수 있는 더 없이 좋은 기회가 된다고 한다. ✐

성리학을 집대성하고 완성시킨 대학자 퇴계는 관직보다는 학문에 뜻이 있었으므로 일찍이 관직에서 물러나 57세 때 도산 남쪽에 지금의 도산서원을 짓고 많은 제자들을 지도하였다.

도산서원은 그 주변 풍광도 아름답지만 서원의 건물 역시 우리나라 전통 건축의 아름다움을 유감없이 발휘하고 있다.

도산은 돌아가시기 약 5년 전인 68세 때 제왕학이라 할 수 있는 '성학십도聖學十圖'를 임금 선조에게 지어서 올렸다. 그것은 퇴계 학문의 결정판이라 할 수 있는 그의 마지막 저작이다. 임금이 항상 옆에 두고 쉽게 볼 수 있게 병풍처럼 열 쪽에 지도자가 알아야 할 핵심을 그려 넣은 것이다.

유학에서는 수신修身, 제가濟家, 치국治國, 평천하平天下라고 하여 나라를 다스리고 천하를 평정하려면 우선 수신부터 하라고 가르친다. 퇴계는 수신의 핵심은 바로 마음을 닦는 데 있고 그 마음을 닦는 것의 핵심을 경敬이라고 하였다.

　몸의 주인은 마음이고 마음의 주인이 곧 경이다. 경이란 마음을 다른 곳에 두지 않고 오직 한곳에 집중主一無適하는 것이며, 잘 가다듬어 숙연한 것이고 항상 깨어있는 것常惺惺이라고 하였다.

　성학십도를 'To Become A Sage'란 책으로 번역한 미국의 칼턴 Michael C. Kalton 교수는 이 경을 'mindfulness'로 번역하였다. 마음이 주인 노릇을 제대로 하려면 마음이 항상 집중된 상태를 유지하고 깨어 있어야 한다고 본 것이다.

　성학십도가 어찌 임금에게만 해당한 가르침이겠는가. 한 나라의 대통령에서부터 회사의 경영자, 그리고 모든 조직체의 리더에 이르기까지 모든 지도자들에게 필요한 가르침인 것이다. ➤

마음 쓰는 법

금강경과 즉비_{卽非}의 논리

우리나라에서 스님들 간에 자주 읽히는 경전의 하나가 '금강경'이다. 중국 선종禪宗의 5조 홍인선사 때부터 금강경은 선승들의 주 텍스트가 되었다. 금강경이 가르치는 공空을 잘 이해하는 것이 선불교를 이해하는 데 많은 도움이 된다.

그러나 금강경을 일반인들이 읽기에 그리 쉬운 경전이 아니다. 그것은 금강경이 가지고 있는 독특한 논법 때문이다.

우리가 이해하여야 할 것은 금강경에 사용된 언어와 개념, 그리고 독특한 어법은 2,500년 전의 것이라는 사실이다. 그러므로 우리들이 쉽게 이해할 수 없는 것이다. 그것은 할아버지들이 요즘 젊은이들이 '물론이지' 하는 대신 '당근이지' 하고 말하는 것을 이해할 수 없는 것과 마찬가지이다. 더구나 금강경은 우리가 살고 있는 상대 세계를 초월한 절대 진리를 설한 것이므로 상대 세계의 언어와 논리에 익숙한 우리들이 쉽게 이해하기 어려운 것이다.

금강경은, 최고의 깨달음을 추구하는 보살은 모든 중생을 구제하여 깨치게 하여야 한다. 그러나 실제로 구제한 중생은 하나도 없다. 왜냐하면 '나'라는 생각, '중생'이란 생각을 가지면 그는 보살이라 할 수 없기 때문이다. 또 보살이 보시를 할 때는 보시한다는 생각, 보시를 받는 사람이라는 생각을 내지 말고 보시를 해야 그 공덕이 크다고 가르친다.

다시 말하면 보살이란 수행자는 중생을 구제하고 보시를 하되 구제하고 보시를 한다는 생각相 없이 하여야 한다는 것이다. 여기까지는 이해하는 데 큰 어려움이 없다. 그러나 '나'라는 생각我相, 중생이라는 생각衆生相 등 모든 상을 하나하나 제거하여 수행자들이 공空의 절대 경지에 나아가게 하기 위하여 주로 사용하는 이른바 '즉비卽非의 논법'을 만나고부터는 어리둥절하게 된다. 예를 들면, "여래가 말한 실상은 실상이 아니므로卽非實相 실상이라 부른다是名實相."와 같은 것이다.

이러한 즉비의 서술 방식으로 금강경은 '불법', '깨침', '복덕', '세계', '미진' 등 많은 관념과 개념들을 하나하나 제거해 나간다. 그리하여 공을 터득케 하고 중도 실상中道實相을 알게 한다.

이와 같이 우리가 만든 모든 분별의 상相을 떠나는 것이 곧 깨침이요, 그렇게 모든 상을 떠난 사람이 바로 깨친 붓다이다. 즉비의 설명 구조를 보살에 적용하면 '보살은 보살이 아니므로 보살이라 부른다'가 된다. 보살이 영원히 변치 않는 '보살이란' 본질적 실체를 가지고

있다면 그는 수행하여 붓다가 될 수 없다. 보살은 본질적으로 보면 보살이 아니기 때문에 무엇으로도 될 수 있다. 그러므로 보살이라 부른다. 이와 같이 보살의 본질이 '비어 있고' 이름일 뿐이므로 무엇이든지 가능하다.

마찬가지로 중생도 중생의 변치 않는 본질적 속성이 있다면 그는 영원한 중생이다. 그가 어떻게 수행하여 보살이나 붓다가 되겠는가. 그러므로 "중생도 중생이 아니므로 중생이라 부른다." 이와 같이 즉비의 논법은 모든 사물의 실체가 없고 공空하다는 것을 드러내 보인다. 이러한 붓다의 교설은 모두 얻을 수도 없고皆不可取, 말할 수도 없고不可說, 진리도 아니고非法, 진리 아닌 것도 아니다非非法고 말한다.

'있다'와 '없다'와 같은 상대적相對的인 우리의 관념과 논리를 가지고는 상대가 끊어진絶 절대 공絶對空의 자리로 갈수가 없다.

그러한 모든 관념을 초월한 곳이 바로 공의 자리요, 진여tathata의 자리이다. 그리고 이러한 공을 터득하여 아는 것을 반야의 지혜라 한다.

선승들은 생각과 말이 아닌 참선 수행으로 공을 깨치려 한다.

마음 쓰는 법을 가르치는 금강경

금강경은 금강반야바라밀 경이라 부른다. 범어로 Vajrachedika Prajna Paramita Sutra라 부르는데 Vajrachedika는 자르는 금강석이란 뜻이고 Prajna는 지혜, Paramita는 저 언덕에 이른다는 뜻이다. 그러므로 금강경은 '저 언덕에 이르는 궁극적 지혜의 가르침'이란 뜻이 된다.

금강석은 그 견고함과 깨끗함^{투명함}에 있어서 거의 절대적이다. 견고하기 때문에 무엇이든 다 자를 수 있다. 반야의 지혜는 금강석같이 절대적인 지혜를 말한다. 저 언덕이란 우리가 사는 고통의 세계, 즉 고해^{苦海}인 이 언덕^{彼岸}에 대하여 고통이 없는 열반^{Nirvana}의 저 언덕^{彼岸}을 말한다. 저 언덕에 이르는 궁극적 지혜란 모든 상^相을 다 비운 공^空의 지혜를 말한다.

우리들은 태어나서부터 이 생활 세계에서 먹고 살기 위하여 여러 가지를 배우며 산다. 학교에서 국어, 산수, 영어, 컴퓨터 등을 배우는 것은 말할 것도 없고 골프 치는 법도 배우고 요리하는 법도 배운다. 요즘에는 거의 모든 사람이 자동차 운전을 배운다. 그러나 불행히도 학교에서도 가정에서도 마음 쓰는 법을 가르치는 곳은 거의 없다.

자동차 운전법을 모르는데 차를 몰고 도로에 나가면 교통사고를 당하여 자기의 목숨도 잃고 남의 생명을 해칠 수 있다. 마찬가지로 마음 쓰는 법을 모르고 이 험한 세상을 살고 있는 대부분의 사람들은 운전법을 모르고 차를 몰고 있는 사람처럼 이곳에 부딪치고 저곳을 들이받아 자기와 남의 몸과 마음에 많은 고통과 상처를 주고받는다.

금강경은 우리에게 마음 다스리고 마음 잘 쓰는 법을 가르친다. 금 강경은, 수보리라는 붓다의 제자가 무상의 깨침을 얻으려는 마음을 낸 수행자는, "어떻게 마음을 간직하고 어떻게 마음을 다스려야 하 겠습니까應云何住 云何降伏其心?" 하고 마음 쓰는 법을 묻고 붓다가 그 에 대답하여 마음 쓰는 법을 가르친 경이다. 붓다는, "이와 같이 마음 을 지니고 다스릴 지니라." 하며 마음 쓰는 법을 하나하나 가르치고 있다.

우선 이와 같이 마음을 다스릴지니 "모든 중생을 남음 없는 열반 Nirvana에 들게끔 제도하겠다."고 마음을 먹으라고 한다. 그러나 무한 한 중생을 제도하였다 해도 "실제로 제도된 중생은 없다. 왜냐하면 보살은 나라는 상我相, 사람이라는 상人相, 중생이라는 상衆生相, 생명 있는 존재라는 상壽者相을 가지고 있으면 그는 진정한 보살이 아니기 때문이다."

　첫째로, 금강경은 보살이라는 수행자에게 주는 가르침이라는 것을 알 수 있고 둘째로, 마음 쓰는 법의 요체는 고통받는 중생을 제도하는 마음을 가져야 한다는 것이다. 소승의 수행자는 자기의 고통만 소멸시키는 데 주력한다. 그러므로 그는 자리自利의 수행자이다.

　그러나 보살은 고통받는 중생을 제도해야 하는 이타利他의 수행자가 되어야 한다. 바꾸어 말하면 그는 자비행慈悲行을 실천해야 하는 수행자이다. 자기 이익만 생각하면 고통은 끊일 날이 없다. 모든 고통의 근원은 이기심利己心이라고 한다. 그러므로 자비심과 이타심利他心에서 진정한 행복과 평화가 온다고 하는 것이다.

　셋째로, 수행자가 자비를 실천하려면 그의 마음에서 모든 상相을 남김없이 제거하고 버려야 한다. 상 가운데 가장 기본적인 상이 '나'라는 생각이고 그에 대하여 사람이란 생각, 중생이란 생각, 그리고 생명을 가진 존재라는 생각의 세 가지 상相이 있다. 그 중에 나라는 상이 주체主體가 되고 다른 세 가지가 나와 상대되는 객체客體가 된다.

　이와 같이 수행자가 자기 마음에서 모든 상을 다 비워서 텅 빈 상태, 즉 공空의 상태를 만들어야 그때 비로소 보시 등 자비를 실천할 수 있게 된다. 이렇게 마음에서 시비 분별의 상을 다 비우는 것이 공의 지혜이며 반야의 지혜이다. 따라서 보살은 자비심과 공의 지혜로 무장한 수행자라 할 수 있다.

상相이란 무엇인가

금강경의 가르침을 제대로 이해하려면 이른바 상相이라는 것이 무엇을 뜻하는 것인지를 잘 알아야 한다. 그것은 금강경이 처음부터 끝까지 모든 상을 버려야 한다고 가르치고 있기 때문이다. 상相이라는 용어는 우리의 일상생활에서 잘 쓰지 않는 말이기 때문에 생소할 뿐만 아니라 무엇을 뜻하는 것인지 잘 알 수 없다. 우리는 일상생활에서 사물을 지칭하고 설명할 때 이름과 명칭을 사용한다.

요즘 유행하는 '웰빙 음식'이라는 것도 어떤 특정한 종류의 음식을 지칭하여 우리가 붙인 이름이요, 명칭이다. 우리가 그러한 이름과 명칭을 어떤 대상에게 붙일 때 그 대상의 어떤 외형적 특징이나 속성을 염두에 두고 붙인다. 웰빙 음식은 우리 '건강에 좋은 것'이라는 특성을 지칭하는 이름이다.

그런데 우리가 사용하는 이름과 명칭 가운데는 구체적인 대상이 현실적으로 존재하는 것도 있지만 '선녀', '쥐뿔', '토끼의 뿔'과 같이 대상은 없지만 마치 대상이 있는 것처럼 생각하고 어떤 특성이나 특징을 상정하고 명칭을 붙인 것도 많이 있다. 이러한 명칭이 드러내는 어떤 대상의 특성이나 특징을 불가에서는 상相이라고 말한다.

무상無相이란 그러한 상이 없음을 가르친다. 그런데 이러한 상은 우리의 일상생활에 필요하고 편의롭기 때문에 우리가 만들어서 사용하고 있다. 우리는 우리의 대상을 '분별'하여 이름을 붙이는데 그렇게 분별하여 만들어 낸 것이 상이다.

이와 같이 우리가 생활 세계에서 분별하고 인식할 때 우리는 거의 예외 없이 '있다有와 없다無', '이다是와 아니다非', '길다長와 짧다短'와 같이 두 가지 상반되는 카테고리로 나누어 분별한다. 우리는 이것을 시비 분별是非分別이라고 부른다.

이러한 시비 분별은 구약 성서 창세기 편에서 상징적으로 말하듯이 '선악 지식의 나무 열매속칭 선악과'를 따 먹음으로써 시작되었고 그것 때문에 인간은 낙원에서 추방되었으며 그때부터 모든 고통과 괴로움의 바다苦海에서 허우적거리며 살고 있다.

우리가 모든 것을 두 가지 상반된 것으로 나누어 분별함으로써 항상 시비와 갈등이 끊이질 않고 싸움과 전쟁이 그치질 않는다. 이것이 우리의 생활 세계의 모습이다.

대승기신론大乘起信論이란 논서에 보면 우리의 마음은 본래 깨끗한 마음이요, 깨친 마음인데 '홀연히', 즉 어느 때 갑자기 바람이 불자 파도가 일어나듯이 어둡고 미혹한 불각不覺의 마음이 생겨났다고 한다.

그리고 그 미혹한 마음이라는 것이 '나'라는 생각과 나와 상대되는 '대상'이란 생각이고 그것을 토대로 여러 가지 오염된 마음이 파생된다고 한다. 요약해서 말하면 모든 것을 시비로 분별하는 마음이 홀연히 생겨났다고 하는 것이다.

그리고 그렇게 분별하여 만들어 낸 것이 우리가 늘 사용하는 상相이다. ➤

상을 버려야 하는 이유

앞에서 우리는 상이란 무엇이며 그것이 어떻게 생겨나게 되었는가를 보았다. 그러한 상은 우리가 필요하기 때문에 만들어 낸 것이지만 그 상이 우리에게 주는 고통은 실로 엄청나다. 우리는 이러한 상을 무시無始 이래로 계속하여 만들고 또 그것을 사용하고 있다.

이렇게 만들어진 상과 명칭은 우리의 깊은 마음속에 기억이라는 형태로 각인되어 저장되었다가 필요할 때마다 꺼내어 사용하기도 하지만 나도 모르는 사이에 내 의식의 표면으로 떠올라 여러 가지 요술을 부린다.

젊었을 때의 첫사랑의 기억을 떠올리며 즐거워하는 것은 기억 속에 저장되었던 상의 작용이고 시어머니에게 당했던 기억이 떠올라 갑자기 시어머니가 미워 죽겠는 것도 상의 장난이다. 우리가 쓰는 명칭과 상은 이와 같이 '생각과 감정'을 불러일으키는 묘한 작용이 있다.

그러한 상과 기억이 항상 즐거운 것이면 모르되 그것이 엄청난 괴로움을 우리에게 주기 때문에 금강경에서 붓다는 '모든 상을 버리라'고 가르치고 있다.

상을 버려야 하는 이유는 두 가지인데, 하나는 그것이 괴로움의 원인이기 때문이고 다른 하나는 그것이 진실상이 아니고 허상이기 때문이다.

6·25동란 때 우리는 좌익과 우익으로 나누어 치열한 싸움을 하였다. 많은 사람들이 '빨갱이'라고 죽고 많은 이들이 '흰패'라고 죽었다. 중세 시대 유럽에서는 많은 여자들이 '마녀'라고 해서 처형되었다. 빨갱이니 흰패니 하는 것도 상이요, 마녀라는 것도 상이다.

이와 같은 상이 얼마나 큰 괴로움을 우리에게 주는지는 각자의 괴로움을 관찰하면 쉽게 알 수 있는 것이다. 이러한 상이라는 것은 전부 허상이기 때문에 버리라고 한다. 붓다는 금강경에서 모든 상은 허망한 것凡所有相 皆是虛妄이라고 말했다.

대상이 없지만 우리가 있는 것처럼 그것의 특징과 특성에 이름과 명칭을 붙인 '천사'나 '용'이라는 상이 실상이 아니고 허상이라는 것은 쉽게 알 수 있다. 하늘에 떠 있는 '구름'도 허상이며 고정 불변하는 실체가 없는 텅 빈 공空이다. 그것은 계속 모습을 바꾸어 존재한다. 빗물이 되기도 하고 눈이 되기도 하고 얼음이 되기도 한다. 그냥 편의상 '구름'이라고 이름을 붙여 부르고 있으니 구름은 이름일 뿐이다. '빨갱이'라는 것도 어떤 고정 불변의 실체가 없이 비어 있기 때문에 허상이다. 그러므로 빨갱이가 변하여 흰패가 되고 '중도파'도 될 수 있다.

'나'라는 상도 고정 불변의 실체가 없는 것은 마찬가지다. 범부 중생들이 허상에 집착하므로 붓다는 내가 없다無我고 설했다. '나'라는 것은 어렸을 때, 청년 시절, 그리고 노년기에 그 모습도 다르고 세포도 다 바뀌었으므로 다르다. 무엇을 '나'라고 할 수 있겠는가. 편의상 그렇게 부르고 있을 뿐이며 '나'라는 상도 그저 이름일 뿐이다.

우리는 까마귀는 흉한 새라고 인식한다. 까마귀는 흉하다는 상相도 실상이 아니고 허상임을 쉽게 알 수 있다. 까마귀에게 흉하다는 특성이 본질적으로 있는 것이 아니다. 만일 그러한 '흉한' 특성이 있다면 누구나 그렇게 보아야 하는데 일본이나 미국 사람들은 그렇게 보지 않는다. 그러니 흉하다는 상은 허상이고 이름일 뿐이다.

좌익이고 우익이라는 상도 허상이고 이름일 뿐이지만 그러한 시비 분별의 상이 있고부터 좌우익 간에 치열한 싸움이 있었다. 좌익이 결정적으로 생겨난 것은 마르크스의 자본론이 계기가 되고 레닌이 주도한 공산 혁명이 소련에서 성공하고부터라고 할 수 있다.

그러나 그러한 좌익적인 생각이나 사상을 가진 사람들이 그 이전에도 있었지만 그것이 하나의 상相으로서 우리의 마음속에 자리 잡지 않았기 때문에 아무런 문제가 되지 않았다. 그러나 세계적으로 좌익이라는 상이 만들어지고 우리의 마음속에 상으로 자리 잡고부터 그에 상대되는 우익이라는 상이 생기고 투쟁과 반목이 일어나게 된 것이다.

　좌익의 사상을 가진 맏아들과 우익의 사상을 가진 둘째 아들이 서로 죽기 살기로 싸우고 있다면 어머니의 마음은 찢는 듯 아플 것이다. 그리하여 어머니는 두 아들에게 상에 집착하지 말고 버리라고 간절히 호소할 것이다.

　이것이 금강경에서 붓다께서 그렇게도 누누이 그리고 간절히 모든 상은 허상이므로 버리라고 말씀하시고 모든 상을 떠난 사람이 곧 붓다離一切諸相 卽名諸佛라고 말씀하신 뜻이다. 그것이 생명 있는 것이나 생명 없는 것이나 모든 것을 차별 없이 평등하게 보는 붓다나 어머니의 마음이고 그것이 사랑이며 큰 자비심이다.

있는 그대로 보라

사람들의 현실 인식은 세 가지가 있다. 하나는 사물 그 자체를 "있는 그대로 보는 것"이다. 있는 그대로 본다는 것은 아무런 상相이 없이 본다는 것이다. 그것을 진여眞如라고 하며 범어로 tathata라고 한다.

그리고 모든 것을 아무런 상이 없이 있는 그대로 보는 것을 금강경은 깨달음이라고 하고 그렇게 보는 사람을 깨친 사람인 붓다, 또는 여래tathagata라고 부른다. 다시 말하면 상이 없이 있는 그대로 볼 수 있는 사람은 깨친 사람이라는 것이다.

반면에 우리 범부 중생凡夫衆生은 모든 것을 있는 그대로 보지 못하고 어떤 영상影像으로 본다고 한다. 실제로는 대상이 없는데 용이나 천사처럼 상상으로 상을 만들어 보는 것이 하나 있고 다른 하나는 대상이 실제로 있기는 해도 그것을 근사하게 대표하는 영상으로 인식하는 것이다. 이 두 가지가 다 상相이다. 상이기 때문에 허상이고 실상實相이 아니다.

그러므로 시비 분별의 상으로 보는 현실 인식은 다 그릇된 것이다. 있다有나 없다無, 또는 이다是나 아니다非로 나누어 보는 것은 다 한 쪽으로 치우친 것邊見으로서 그릇된 인식이기 때문에 그것을 절대적 인 진리인 것처럼 집착하고 싸우지 말아야 한다.

칼국수를 먹고 한 사람은 '맛있다'고 하는데 다른 사람은 '맛이 없다'고 한다. 맛이 있다는 것이 절대적인 진실이라면 누구나 다 맛있다고 해야 한다. 그러나 다른 사람은 맛이 없다고 하니 그것은 진실이 아니다. 반대로 맛이 없다는 것도 절대적 진실이 아닌 것은 마찬가지다. 만일 칼국수가 절대로 맛이 없는 것이라면 누구나 맛이 없다고 해야 하지만 맛이 있다고 하는 사람이 있다. 그러므로 맛이 없다는 것도 진실은 아니다. 마찬가지 논리로 '나我'가 있다는 것도 진실이 아니며 '나'라는 것이 없다無我도 진실이 아니다. 그리하여 아상도 버리고 '무아'의 상도 다 버리라고 붓다는 금강경의 여러 곳에서 설한다.

사람들이 주로 무엇이 있다는 식으로 긍정의 주장을 강하게 하기 때문에 붓다는 주로 그것을 부정하는 말을 자주한다. 그러면 항상 두 가지 카테고리로 나누어 생각하는 습성을 가진 우리들은 그 반대인 부정이 진실이라고 믿는다. 그러기 때문에 그 반대인 것도 진실이 아니므로 버리라고 말한다.

금강경의 제27 '무단무멸분'에서 붓다는 여래가 거룩한 몸의 형상을 갖추고 있다고 생각하지 말라고 말씀하신 다음 곧 이어서 깨달은 사람이 모든 것이 아무것도 없다斷滅고 말한다고 생각하지 말라고 간곡하게 당부한다.

그리하여 붓다는 유有도 부정하지만 그 반대인 무無도 부정한다. '있다' 도 '없다' 도 다 버리는 것이 모든 것을 있는 그대로 보는 것이다.

이와 같이 시비 분별의 상이 없이 사물을 있는 그대로 보는 현실 인식을 중도 실상中道實相이라 한다. 금강경은 여러 곳에서 시是와 비非의 상을 떠나서 중도 실상을 보라고 가르친다. 법이 있다는 상法相과 법이 없다는 상非法相 모두를 떠나야 한다고 가르친 것이 한 가지 예이다.

이와 같이 마음에서 모든 상을 비운 것이 공空이요, 공을 완전히 터득하여야 본래의 면목本來面目을 볼 수 있다. 바꾸어 말하면 모든 상을 다 비워야 고해를 벗어나 열반인 낙원의 땅에 도달할 수가 있다.

달마가 중국에 전했다고 하는 선불교는 제5조 홍인 때부터 금강경을 주 텍스트로 사용하였다. 그 다음이 중국에 찬란한 선불교의 꽃을 피게 한 6조 혜능인데 부엌에서 쌀 방아만 찧던 그가 홍인대사로부터 의발을 몰래 전수받고 밤에 남쪽으로 피신하는 길이었다. 그를 붙잡고자 뒤쫓아 오던 무인 출신인 명상좌가 다가오자 혜능은 가졌던 의발을 바위 위에 놓고 가져가라고 했다. 그 의발을 아무리 들려 해도 꿈쩍하지 않자 명상좌는 혜능에게 가르침을 청했다고 한다.

　육조 혜능은, "선도 생각하지 말고 악도 생각하지 말라. 이러할 때는 어떤 것이 명상좌의 본래 면목인가?" 하고 말했다. 그 순간 명상좌는 견성하였다고 한다.

　승찬 대사는 신심명信心銘에서, "지극한 도는 어렵지 않으니 오직 좋다 나쁘다고 분별하는 것을 피하라至道無難 唯嫌揀擇. 미워하고 사랑하지 않으면 분명히 밝게 깨치리라但莫憎愛 洞然明白." 하고 말했다.

　이것 모두가 시비 분별의 마음을 버릴 때 우리의 본래 면목이 드러나고 그렇게 상으로 오염되지 않은 깨끗한 참마음을 보는 것이 바로 견성見性이라고 가르친다.

깨친 바도 없고 설한 바도 없다

처음 금강경을 읽는 사람을 당황스럽게 하는 대목이 두 가지인데, 하나는 이른바 즉비卽非의 논리이고, 다른 하나는 기껏 붓다가 말씀하시고는 내가 아무 것도 설한 바가 없다고 말하는 것과 내가 깨친 바가 없다고 말하는 것이다. 깨친 사람을 붓다, 또는 여래라고 부르는데 왜 깨친 바가 없고 설한 바가 없다고 하는가. 궁금하기도 하지만 참으로 황당하다 하지 않을 수 없다.

앞에서 누누이 얘기했지만 금강경의 가르침은 시종일관 모든 상을 버리라는 것뿐이다. 그리고 마음에서 모든 상을 다 버리는 것이 곧 깨침이요, 그러한 사람을 여래요, 붓다라고 한다고 하였다.

우리의 생활 세계에서는 구체적으로 어떤 물건을 받거나 어떤 지식을 받아야 '얻었다'고 말한다. 그런데 붓다는 모든 상을 다 비우고 계속 버렸으니 하나도 얻은 바가 없다. 마치 하늘에 가득한 구름을 하나하나 벗겨 내어 파란 허공이 드러난 것과 같은 것이다. 그의 마음은 텅 비어 공 그 자체인데 얻은 바가 하나도 없다. 그리고 제자들에게도 모든 상을 계속 비우고 또 비우고 모든 상을 다 버리라고 가르친 것 이외에 어떤 지식이나 상을 가르쳐 준 것이 하나도 없다. 그러니 '설한 바'가 없다고 말하는 것이다.

우리는 누구나 다 본래 불성을 가지고 있다. 우리의 마음은 본래부터 깨친 상태에 있지만 우리의 미혹한 마음 때문에 그것을 모르고 있을 뿐이다.

대승기신론에서는 우리가 본래 깨어 있다고 하여 그것을 본각本覺이라고 한다. 그러므로 깨친다는 것은 없었던 것을 얻는 것이 아니고 미혹과 무명을 제거하고 본래부터 가지고 있는 깨침의 마음을 회복하는 것이다. 가르침을 '설한다'는 것도 '일정한 내용'이 있는 가르침을 줄 때 설한 바가 있다고 할 수 있다.

그러나 금강경에서 붓다는 시종일관 제자들에게 깨침의 마음을 가리고 있는 모든 상相을 스스로 제거하여 본래부터 가지고 있던 깨침의 마음을 드러나게 한 것일 뿐 어떤 정해진 내용의 가르침을 준 것이 없다. 그러므로 설한 바가 없다고 한 것이다.

그리고 모든 상을 다 버리라고 가르치는 금강경의 입장에서 보면 '가르침'이라는 것도 하나의 상이고 '깨침'이라는 것도 하나의 상이다. 궁극적 진리의 입장에서 보면 그러한 개념들은 이름일 뿐이고 텅 빈 공일 뿐이다. 세속적 진리俗諦의 입장에서는 분명히 설한 바가 있고 깨친 바가 있지만 절대적 공의 경지로 나아가기 위해서는 그러한 생활 세계의 공허한 개념과 상相을 다 버려야 한다.

금강경을 읽으며 잘 살펴보면 붓다가 말씀하시고는 즉시 그 말이 뜻하는 상을 부정하시는데 그것은 읽는 사람들이 붓다의 말을 상으로 받아들일까 걱정이 되기 때문이다. 붓다가 설한 '공空'은 모든 상이 실체가 없으므로 다 비었다는 뜻인데 그것을 지식으로 집착할까 보아 공空도 또한 공하다고 그 상을 부정한다.

'나'라고 말하고는 그 '나'를 부정하고, '보살'이라 말하고는 또 그것을 부정하고, '중생'이라 말하고는 또 그것을 부정하는데, 다 그러한 이유 때문이다.

그렇게 부정을 할 때 자주 쓰는 어법이 즉비即非의 논법이다. 예를 들면, "여래가 말하는 보살은 보살이 아니고 그 이름이 보살이다如來說菩薩 即非菩薩 是名菩薩."와 같은 어법이다.

보살은 본질적으로 보살이란 실체가 없다. 그러므로 보살이라고 이름을 붙인 것에 불과하다. 보살이 '보살'이라는 고정 불변의 실체가 있다면 그는 영원히 보살로서만 존재할 것이다. 그렇다면 그는 수행하여 붓다가 될 수 없다. 그러나 수행자인 보살은 궁극의 깨침을 얻고 붓다가 되므로 보살이란 이름일 뿐이다.

보살이 수행을 잘못하여 여러 가지 악행을 저지르면 그는 다시 형편없는 지옥 중생도 될 수 있다. 이와 같이 보살의 본성이 비어 있기空 때문에 무엇이든 가능하고 여러 가지 변화가 있을 수 있다. 마찬가지로 중생은 중생이 아니고 이름일 뿐이요, 불법도 불법이 아니요, 이름일 뿐이다.

금강경은 같은 어법을 사용하여 보살이라는 상, 붓다라는 상, 깨달음이라는 상, 설한다는 상, 장엄한다는 상, 보시한다는 상, 몸의 상, 마음이라는 상, 실상實相이라는 상 등 수행자들이 가질 수 있는 모든 상을 다 부정한다. 천사는 실제 천사가 아니고 이름일 뿐이듯이 모든 상은 실상이 아니고 이름일 뿐이다. 그리하여 금강경은 모든 것을 꿈같이, 환영같이, 물거품같이, 그림자같이, 이슬같이, 번갯불같이 보라고 하면서 끝을 맺는다. ☞

비법秘法이 없는 것이 비법이다

요즘 상영되고 있는 영화에 '쿵푸 팬더'라는 애니메이션 영화가 있다. 그 영화는 우여곡절 끝에 무술도 모르는 팬더 곰이 '용의 전사dragon warrior'가 되고 그의 강력한 도전자인 악당과 최후의 결전을 하는 스토리이다.

만두 가게를 운영하고 있던 팬더 곰의 아버지는 아들이 대를 이어 만두 가게를 운영하길 바랐지만 뜻대로 되지 않았다. 그는 아들에게 만일 만두 가게를 운영하게 되면 만두 만드는 '비법'을 가르쳐 주겠다고 말하였다. 그러나 팬더 곰은 용의 전사로서 그 문파를 공격해 오는 사악한 도전자를 물리치지 않을 수 없는 처지에 놓이게 되었다. 그의 스승이 그에게 무술을 가르쳐 주었고 마지막에는 용의 입속에 감쳐둔 '비급'을 받게 되었다. 그는 비급을 펼쳐 보았지만 그것은 텅 빈 백지였다. 처음에는 그것이 무슨 뜻인지 알 수 없었다. 한편 사악한 공격자가 쳐들어오자 모든 사람들이 도망치게 되었는데 팬더 곰의 아버지도 함께 도망치게 되었다. 도망하면서 그 아버지는 팬더 곰에게 내가 가르쳐 주겠다고 한 만두 만드는 비법이란 실은 없다고 말한다. 그 순간 팬더 곰은 용의 전사에게 주어진 비급이 왜 텅 빈 것인지 깨닫게 된다. '비법이 없음'이 만두 만드는 비법이듯이 용의 전사에게 주어진 비급은 '아무것도 없는 것'이 비급이었던 것이다.

금강경 제 7 '무득무설분無得無說分에 "정해진 법이 없는 것을 이름하여 무상의 깨침이라 하고 정해진 법이 없는 것을 여래께서 설하셨나이다."라고 제자 수보리는 말한다. 금강경은 곳곳에서 실제로 어떤 정해진 법이 있어 붓다가 깨친 것이 아니라고 말한다.

그러므로 일체의 법이 다 불법이라고 설한다如來說 一切法 皆是佛法. 심지어는 여래가 설한 바의 법이 있다고 말하는 사람은 곧 부처를 비방하는 것이 된다고까지 말하고 있다若人言 如來有所說法 則爲謗佛. '이러 이러한 것'이 불법이고 그렇지 않은 것이 불법이 아니라고 정해진 것은 불법이 아니다.

'이것은 불법이고 저것은 불법이 아니다.'라고 정한다면 그것은 상대적인 분별로서 결코 절대적 진리일 수가 없다. 절대적인 진리는 그러한 분별이 다 소멸한 절대 공의 경지이기 때문이다. 모든 분별을 떠나서 공을 실현할 때 무상의 깨침이 열리는 것이다.

쿵푸건 무술이건 무엇이라 정해진 것은 저급한 수준의 것이다. 절대 고수가 되려면 그러한 정해진 것을 초월하여 아무 거침이 없는 절대 공의 경지를 터득하여야 한다. 팬더 곰에게 주어진 텅 빈 비급은

그것을 상징적으로 보여 준다. 그것을 깨친 팬더 곰은 드디어 절대 고수의 경지를 터득하고 거침없는 무술로써 악당을 제압한다.

소동파가 여산에서 지었다는, "시냇물 소리가 그대로 부처님의 장광설이요, 산 빛이 어찌 그대로 청정법신이 아니겠는가." 하는 시구도 일체 모든 것이 다 불법이요, 붓다라는 것을 드러내고 있다.

개 짖는 소리가 여래의 설법이요, 개구리 울음소리도 여래의 설법이다.

명칭과 상을 자유자재하게 써라

어떻게 하여야 우리 마음의 깊은 곳에 각인된 상을 다 버리고 또 새로운 상을 만들지 않을 수 있겠는가?

비를 맞고 햇볕을 계속 받아야 사과나무에 꽃이 피고 사과가 열리고 그 열린 사과가 발갛게 익는다. 논에 심은 벼도 그러하고 모든 식물들이 다 때맞추어 비를 맞고 햇볕을 받아야 성장하고 결실을 맺듯이 수행자도 무상의 깨침을 얻은 붓다의 설법인 금강경이나 법화경 같은 경전을 계속 수지하고 독송하여 법비를 맞고 붓다로부터 지혜의 햇빛을 계속 받아야 한다. 그러면 어느새 상으로 오염된 마음이 다 정화되어 본래의 깨끗한 마음이 된다. 그리고 항상 깨어 있는 마음을 유지하여 새로이 상을 만들지 않는다. 그리고 매일 정해진 시간에 지관의 참선을 하여 경에서 배운 바를 확인하여 나의 몸과 마음으로 확실히 상을 다 비웠는지 검증하여 나간다.

그와 같이 수행하여 상을 다 비우면 그때 그는 낙원인 열반의 피안에 도달한다. 우리가 사는 생활 세계가 고해인데 비하여 그곳은 고통 없는 낙원이다. 이곳이 상으로 가득 찬 세계인데 그곳은 상이 없는 무상無相의 세계이다. 이곳이 시비 분별의 세계인데 그곳은 분별이 없는 불이不二의 세계이다. 이곳이 오염된 마음의 세계인데 그곳은 우리의 본래 청정한 마음의 세계이고, 이곳이 불각不覺의 미혹한 세계인데 그곳은 깨침의 세계이다.

우리가 상과 무상까지도 다 비우고 일단 그곳에 도달하고 나면 생사의 세계인 고해와 극락의 세계인 그곳은 결국 하나가 되어 생사계가 곧 극락이 된다. 우리가 사는 이 생활 세계 그대로가 낙원이요, 극락이 된다. 생사도 없고 극락도 없고 반야바라밀도 없고 깨침도 없고 무명도 없고 나도 없고 나 아님도 없다.

그렇게 상을 다 비운 사람은 이 생활 세계에 살면서 많은 사람들을 제도하기 위하여 상없이 상을 사용한다. 범부 중생은 상을 진실이라 여기고 집착하지만 깨친 이들은 상이 허상이지만 필요에 따라 상에 집착함이 없이 자유자재로 그 상을 사용한다.

붓다도 금강경의 여러 곳에서 '내가……' 하고 아我를 사용하고 있지만 그것은 집착 없이 사용하는 것이다. 우리가 이 상대 세계에 살고 있는 한 남과 의사 소통을 위하여 이 세계의 언어와 명칭을 사용하지 않을 수 없다.

그러나 그것의 허구성과 위험성을 알고 사용하는 것과 모르고 사용하는 것은 근본적으로 다른 것이다. 그러므로 사회 생활을 하면서 여러 가지 말과 일을 할 때 어떠한 상에도 머물지 않고^{不住相} 마음을 내고, 상에 집착하지 않고 그 마음을 쓰는 것이 자유자재로 마음을 잘 쓰는 것이다. ☞

무분별의 마음

대주 혜해스님은 '돈오입도요문론頓悟入道要門論'에서 돈오란 단박에 번뇌를 제거하여 얻을 게 없음을 아는 것이라 한다. 단박에 깨치려면 근본이 되는 마음을 닦아야 하고 그 마음 닦는 법이 참선 선정參禪禪定이라 한다.

참선은 모든 번뇌와 망념을 제거하고 본성을 보는 것이다. 그렇게 하려면 밖으로 어떤 경우를 당하더라도 흔들림 없는 무심無心이 되어야 하고 안으로는 시비 분별이 없는 평온한 마음을 유지해야 한다.

시비 분별을 하지 않고 무심하려면 이익과 손실, 명예와 불명예, 칭찬과 비난, 괴로움과 즐거움 등 우리의 고요하고 평화로운 마음에 사나운 파도를 일으키는 여덟 가지 바람八風에도 그 마음이 움직이지 않아야 한다.

일체처一切處에 무심하려면 선악善惡, 유무有無, 내외 중간內外中間, 공불공空不空, 정부정定不定 등 둘로 나누어 분별하고 그에 집착하는 마음을 버려야 한다. 그것은 사랑하고 증오하는 마음이 없음이다. 좋은 일을 보더라도見好事 사랑하고 집착하는 마음이 일어나지 않는 것이고不起愛心, 나쁜 일을 보더라도見惡事 싫어하고 증오하는 마음이 일어나지 않는 것이다不起憎心.

깨끗함을 알 때도 깨끗하여서 좋다는 생각을 내지 아니하고 선악을 능히 분별하되 그 가운데 물들지 아니한다. 그것은 마치 맑은 거울이 삼라만상을 있는 그대로 비치지만 좋다거나 싫다는 감정이 전혀 없는 것과 같다.

언론 보도에 의하면 최근 유명 연예인이 인터넷에 올라온 본인에 대한 근거 없는 비난에 크게 상심하여 스스로 목숨을 끊었다고 한다. 그 소식을 들은 많은 사람들은 안타깝게 생각하고 있다. 익명성의 뒤에 숨어서 그러한 욕설과 비난을 마구 쏟아 내는 악습을 제거하는 조치가 하루 속히 마련되어야 하겠지만 다른 한편으로는 그러한 일을 당하여도 흔들림 없는 굳건한 마음을 갖도록 하는 것이 무엇보다 중요하다. ☞

하루는 어떤 은둔 수행자가 인도 코살라국의 수도 슈라바스티 시에 있는 붓다의 기원정사를 찾아왔다. 그는 오랫동안 수행한 사람으로 주위에서는 깨친 사람으로 소문나 있었지만 자신은 아직도 완전히 해탈하지 못했다고 알고 있었다.

그는 자기의 생生도 얼마 남지 않았음을 직감하고 죽기 전에 완전히 깨친 고타마 붓다를 만나서 깨침의 가르침을 받고 금생에서 해탈하고 싶었다. 그리하여 그는 여러 마을을 지나 참으로 먼 길을 걸어서 드디어 붓다가 머무는 기원정사에 도착하였다. 그러나 마침 붓다께서는 아침 공양을 얻으러 시내로 나가시고 그곳에 없었다.

"붓다께서 돌아오실 때까지 여기서 기다리십시오."

"나는 기다릴 시간이 없소. 붓다가 계신 곳을 알려 주면 그곳에 찾아가 만나겠소."

그는 드디어 슈라바스티 시내로 들어가서 아침 공양을 얻으러 이

집 저 집 다니고 있는 붓다를 길에서 만났다. 그가 본 붓다는 고요한 바다와 같이 평화롭고 위엄의 빛이 풍기는 모습이었다. 붓다를 보자 그는 무릎을 꿇고 붓다의 발에 예배하면서 말했다.

"당신은 완전히 해탈하고 깨친 분입니다. 나에게 해탈에 이르는 수행법을 가르쳐 주시기 바랍니다."

"기꺼이 가르쳐 드리지요. 그러나 지금 여기에서는 적당치 않으니 기원정사에 가서 기다리시오."

"나는 기다릴 시간이 없습니다."

"잠깐도 안 되겠소?"

"잠깐도 기다릴 시간이 없소. 그 동안 내가 죽을 수도 있고 붓다 당신이 죽을지도 모릅니다. 그러니 제발 지금 가르쳐 주십시오."

붓다는 그를 찬찬히 보았다. 그리고 그가 죽음에 임박해 있음을 알고 그 자리에서 그에게 가르침을 주기로 하였다. 그러나 그 일은 참으로 난감한 일이었다. 길 한가운데서 죽음을 눈앞에 둔 사람에게 진리의 핵심을 몇 마디로 짧게 가르쳐야 했기 때문이었다. 이윽고 붓다는 천천히 말했다.

"당신이 무엇을 볼 때는 보기만 하고 들을 때는 듣기만 하고 냄새 맡을 때는 냄새 맡기만 하고 맛볼 때는 맛보기만 하고 접촉할 때는 접촉하기만 하고 생각할 때는 생각만 하시오."

이것이 죽음을 목전에 둔 사람에게 준 붓다의 가르침이었다. 그것은 비록 짧기는 해도 불법의 핵심이 되는 가르침이었다. 우리가 보고,

듣고, 냄새 맡고, 맛보고, 접촉하고 생각하는 여섯 가지 인식認識을 할 때 시비 분별을 하지 않고 사물을 있는 그대로 인식할 뿐 판단이나 평가를 개입시키지 말라는 가르침이다. 그러한 판단과 평가가 끼어들면 우리는 사물을 있는 그대로 경험할 수가 없다.

그렇게 인식한 것은 사물의 진실상眞實相이 아니기 때문이다. 마치 맑은 거울이 사물을 있는 그대로 비추듯 우리가 사물을 있는 그대로 보고, 들고 할 때 사물의 실상을 알게 된다. 그때 비로소 우리의 마음은 모든 구속에서 해탈하게 된다. 그렇게 사물을 있는 그대로 깨끗하게 보는 여섯 번째 식識의 작용을 묘관찰지妙觀察智라고 한다.

그동안 오랜 수행으로 어느 정도 마음이 정화된 은둔 수행자는 그 자리에서 붓다의 가르침을 듣고 깨달아 마음이 한층 맑아지고 모든 의심이 사라졌다. 그는 길 한가운데 앉아 깨끗하고 밝게 빛나는 그의 참마음을 응시하며 깊은 삼매에 들었다. 얼마간 시간이 지나고 드디어 그에게 죽음이 다가왔다. 그는 그 자리에서 해탈하게 되었다.

이것이 쿠타카경에 있는 이야기이다.

재앙과 축복

 어느 날 TV에서 동물의 생태를 보여 주었다.

아프리카 오카방고 강 주변에 넓은 범람 지대가 있고 그곳은 먹을거리와 물이 풍부하여 여러 가지 종류의 동물들이 서식하고 있다. 서로 잡아먹고 먹히는 광경도 그렇지만 생과 사가 교차하는 그 절박한 순간에도 암수가 사랑을 나누고 새끼를 낳아 키우는 장면은 아름답기도 하지만 처절함을 느끼게 한다.

드디어 우기가 지나고 가뭄이 다가오면 그 지역은 물이 빠지고 몇 군데 물 웅덩이만 남는다. 물도 없고 먹을 것도 부족하니 대부분의 동물들은 다른 곳으로 이동하고 오직 물 웅덩이와 그 속의 물고기만 남는다. 그때 큰 새들이 몰려와서 물 웅덩이에 몰려 있는 물고기들을 잡아먹는다.

그때 그 장면을 보고 해설자는, "물이 줄어든 웅덩이는 새들에게 큰 축복입니다. 그러나 그 속에 있는 물고기에게는 큰 재앙입니다."

라고 말했다.

사실 그 물 웅덩이는 그 자체로서는 축복도 재앙도 아니다. 그러므로 그것은 재앙도 될 수 있고 축복도 될 수 있고 다른 무엇으로도 될 수 있다. 물 웅덩이는 그 자체로서 어떤 고정된 속성이 없는 빈 것空이다. 물 웅덩이를 그저 물 웅덩이로만 보는 것을 '있는 그대로' 보는 것이라 한다.

사물의 '있는 그대로의 모습'이 곧 공이요, 진여suchness이다. 그것은 우리의 모든 상대적 관점을 초월한 궁극적 절대적 실상實相이며 사물의 참모습이다. ➤

마음의 구조와 작용

마음의 구조와 작용

『대승기신론』이란 책에 보면 우리의 한마음은 고요한 바다와 같은 참된 마음과 바람이 불 때 일어나는 파도처럼 욕심 부리고 남을 미워하고 남과 시비하는 파동 치는 마음의 두 가지 측면을 가지고 있다.

고요한 바다와 같은 참된 마음이 선악과를 따 먹기 전의 마음이고 파동 치는 마음은 그것을 따 먹은 후의 시비 분별하는 마음이다. 우리의 시비 분별하는 마음이 지배하는 고해의 차안此岸에서 우리의 참마음이 지배하는 낙원인 피안彼岸으로 가는 데 있어 크게 두 가지 장애물이 있다.

하나는 우리가 잘 알기 어려운 근본 무명根本無明과 그로부터 파생된 여섯 가지 오염된 마음六染心이고 다른 하나는 보다 뚜렷하여 우리 눈에 잘 뜨이는 나에 대한 집착我執과 대상이란 존재에 대한 집착法執을 말한다. 두 번째 장애물인 나에 대한 집착과 존재에 대한 집착은 나와 모든 존재가 모두 본성이 비어 있어 공空하다고 깨달아 극복할 수 있다. 그런데 보다 미세한 장애는 근본 무명과 그로부터 파생된 오염된 마음이다.

대승기신론은 우리의 참된 마음인 한마음에 '홀연히' 근본적인 어둠根本無明이 생겨서 우리로 하여금 결국 고통의 늪 속에서 헤매게 만들었다고 한다. 그 어둠이 곧 깨치지 못한 상태不覺의 마음이며 우리가 일상생활에서 늘 보는 남을 미워하고 남과 싸우는 그 추악한 보통의 마음이다. 이러한 불각의 어두운 마음에서 다음과 같은 여섯 가지 오염된 마음이 파생된다.

① 아집에 따른 번뇌의 마음

② 법집에 따른 끊임없이 일어나는 집착하는 마음

③ 분별에 의하여 생기는 번뇌의 마음

④ 객관세계가 존재한다는 생각의 마음

⑤ 보는 내가 있다는 생각의 마음

⑥ 근본 무명 때문에 움직이는 마음이 여섯 가지 오염된 마음이다.

①과 ②는 제6식에 속해 있고 ③은 7식의 작용이고 ④~⑥까지는 무의식인 8식에 속한 것이다. 여기에서 제6식이란 보고, 듣고, 냄새 맡고, 맛보고, 그리고 접촉으로 느끼는 촉감 등 다섯 가지 감각으로부터 인지한 것을 종합하여 인식하고 판단하는 마음의 작용을 말하고 제7식은 나라는 생각과 사량 분별思量分別하는 우리의 의식 작용을 말한다. 제8식아뢰야식은 일명 장식, 또는 종자식이라고 하여 우리 마음

의 가장 심층에 자리하고 있는 무의식의 덩어리를 말한다. 우리가 하는 모든 생각, 말, 그리고 행동의 결과들이 녹음되듯 씨앗으로 저장되는 곳이다. 그리고 유식학에 의하면 제8식에서 나라는 인식 주체인 제7식과 인식하는 마음인 제6식, 그리고 외계를 인지하는 전5식 등이 생겨나고 우리의 대상 세계도 생겨난다고 한다.

수행 시나 평상시에 항상 깨어 있는 마음을 유지하여 나쁜 씨앗을 안 심고 좋은 씨앗을 심는 것이 매우 중요한데 그 깨어 있는 마음이 바로 제6식이다. 마치 정원에 좋은 씨앗을 뿌려 아름다운 꽃과 나무를 가꾸고 잡초와 나쁜 나무들을 제거하듯 제6식이란 정원사가 제8식이란 정원을 잘 가꾸는 것이다.

우리의 마음은 홀연히 생겨난 어둠無明으로 인식하는 주체인 나라는 생각을 일으키고 그에 상응하여 대상이 되는 외계의 사물이 있다는 생각을 일으킨다. 그리고는 그 대상을 좋다 · 나쁘다, 옳다 · 그르다, 이다是 · 아니다非 하고 분별하고 계속 번뇌한다. 그렇게 분별하여 좋은 것에는 집착하고 나쁜 것은 배척한다. 그리고 '웰빙 음식이다' 하고 새롭게 이름을 붙이고 상相을 만들어 더욱 집착한다. 그렇게 말과 생각과 행동으로 씨앗을 심는 업業을 짓고 그 결과로 고통을 과보로 받게 된다.

이것이 우리들이 고해인 이 생활 세계에서 매일매일 경험하는 일이다.

꼭 비 오는 날만 고르는 선생님

내가 시골의 초등학교에 다닐 때의 일이었다. 그때는 일기예보라는 것이 없을 때라 소풍가는 날이나 학교의 운동회 날을 잡는 일이 여간 어려운 것이 아니었다.

우리 반의 담임 선생님이 잡은 소풍 날은 거의 어김없이 비가 오는 날이었는데 여자 반 담임 선생님은 골랐다 하면 화창한 날이었다. 이런 경우 대부분의 사람들은 그것을 우연이라고 생각한다. 그러나 티베트 현자들의 가르침에 의하면 그것은 결코 우연이 아니다.

한 사람은 어떤 회사의 주식이 '유망하다'고 보고 사서 돈을 버는데 다른 사람은 그것이 '별 볼일 없다'고 보고 처분하여 큰 손해를 본다. 어떤 사람은 부동산 시장이 '좋다'고 보고 부동산을 사서 돈을 벌었는데 다른 사람은 동일한 부동산 시장이 '나쁘다'고 보고 보유하고 있는 부동산을 처분하여 크게 손해를 본다.

여기에서 꼭 알아야 할 것은 주식은 본질적으로 유망하거나 유망하지 않거나 한 것이 아니고 그것을 대하는 사람의 마음이 그렇게 인식하기 때문이라는 사실이다. 그것은 마치 까마귀가 본질적으로 흉한 새가 아닌 것과 같은 이치이다.

부동산 시장의 경우도 마찬가지로 그것이 본질적으로 좋은 것도 좋지 않은 것도 아니고 그것을 대하는 사람의 마음이 그렇게 인식하기 때문이다. 그리고 이것이 시사하는 바는 매우 중요한 것이다. 돈을 벌거나 손해를 보는 것에 결정적인 요소는 사람의 인식이라는 것이다. 소풍 가는 날을 항상 맑은 날로 잡는 초등학교 여자 반 담임 선생님처럼 항상 돈을 버는 인식을 할 수 있다면 얼마나 좋을까.

그런데 그것이 우연이 아니라고 하니 그러한 인식을 항상 할 수 있는 비법이 반드시 있을 것이다.

심어진 인식

어떤 선생님은 소풍 날을 잡았다 하면 비오는 날이고 어떤 선생님은 찍었다 하면 화창한 날이다. 어떤 사람은 골랐다 하면 돈 버는 주식이거나 부동산인데 어떤 사람은 손해 보는 주식이나 부동산을 고르게 된다. 성공과 실패를 갈라놓는 결정적 요소는 사물을 대하는 사람의 인식이다.

까마귀가 본래부터 흉한 새가 아니지만 한국 사람은 까마귀를 흉한 새라고 인식하고 일본 사람은 흉한 새가 아니라고 인식한다. 이러한 인식은 우리 심층의 마음속에 반복하여 각인된 습관이 때가 되어 우리 의식의 표면으로 떠오른 것이다.

다른 사람은 다 밉다고 보는데 어떤 사람은 그 여인이 너무 아름답게 보인다. 어떤 사람은 술이 독과 같이 쓴데 어떤 사람은 술이 감로주 같다. 이렇게 각각 다르게 인식하는 것도 이미 과거부터 각자의 마음속에 뿌려진 씨앗이 자라서 인식이라는 형태로 의식의 표면으로 떠오른 것이다.

우리가 일상생활 속에서 하는 생각, 말, 그리고 행동은 그것이 종료되면 그것으로 끝나는 것이 아니다. 그것은 우선 그러한 행동의 대상에게도 영향을 미치지만 그것을 한 사람의 마음속에 각인된 깊은 흔적imprints을 남긴다. 이 흔적은 마치 사진처럼 우리의 마음 깊숙한 곳에 씨앗으로 저장되어 그러한 생각, 말, 행동을 반복함에 따라 계속 자라서 어떤 계기가 있으면 꽃이 피어나듯 우리의 인식으로 튀어나온다. 기업체에서 많은 돈을 들여 직원 교육을 하는 것도 그러한 이유 때문이다.

최근 일간지에 이스라엘의 히브리 대학 연구팀이 한 실험 결과가 발표되었다. 그들은 사람들을 대상으로 한 실험에서 '남을 잘 돕는 성향'과 '남에게 인색한 성향'은 모두 DNA와 깊은 관계가 있다는 것을 발견하였다. 유전자는 정보의 덩어리라고 하는데 그 속의 정보는 결국 우리가 심은 것이다.

요즘 어머니들은 모두 태교가 중요하다고 생각한다. 어머니가 하는 생각과 행동과 말이 아이의 의식에 큰 영향을 미친다고 보기 때문이다. 태어난 아이가 모차르트 음악을 좋아하는 것은 임신 기간 내내 그 음악을 들려주었기 때문이다. 어머니가 어떤 음식을 좋아하고 어떤 것을 두려워하고 또 어떤 것을 싫어하면 그 좋아하고 두려워하고 싫어하는 것이 그대로 뱃속에 있는 아이의 무의식 속에 '씨앗'으로 심어진다. 그 씨앗은 아이가 태어나 성장하면서 때가 되면 마치 꽃이

피어나듯 의식의 표면으로 떠오른다. 그 아이는 씨앗의 성향대로 어떤 것을 좋아하고, 싫어하고, 또는 두려워하게 된다.

아이들이 자라나는 동안에도 그러한 일은 계속된다. 학교에서 사회에서 계속하여 이것은 '좋은 것', 저것은 '나쁜 것' 하고 가르쳐 그들의 마음속 깊은 곳에 씨앗으로 심어 놓는다. 그리하여 매일매일 '인식'이라는 씨앗을 모든 사람들의 무의식 속에 심고 있으며 그 심어 놓은 인식이 때가 되어 우리의 인식으로 튀어나온다.

여기에서 우리가 꼭 알아두어야 할 것은 성공과 실패를 갈라놓는 결정적 요소는 우리의 인식이라는 사실이다. 그리고 이 인식은 우리가 그리고 우리의 가족과 사회가 함께 우리 마음속에 뿌린 씨앗이 자라서 때가 되어 의식의 표면으로 떠오른 것이라는 사실이다.

다음으로 우리가 알아야 할 것은 어떤 씨앗을 심어야 성공하는 인식을 가져오느냐 하는 것이다. 그것만 알면 성공하는 인식을 하는 씨앗을 우리의 마음속에 계속 심을 수 있고 성공이라는 열매를 항상 따 먹을 수 있기 때문이다. ➤

항상 성공하려면

우리는 모든 것을 내가 자유롭게 결정하고 행동한다고 생각한다. 그러나 사실은 그러한 자유는 오직 깨친 사람만이 누릴 수 있는 것이다.

우리가 자유롭게 인식하고 행동한다고 생각하지만 사실은 무한한 과거로부터 계속 우리의 무의식 속에 심어 놓은 씨앗이란 습관화된 인식이 우리의 무의식 속에서 의식의 표면으로 떠오른 것이다. 말하자면 미리 정해진 항로를 따라 비행하도록 컴퓨터에 프로그램을 해 놓은 자동 항법 장치와 비슷한 것이다.

건강에 해롭다고 담배를 끊고 싶어도 되지 않고 사람을 사랑해야 한다고 마음먹지만 어떤 사람을 미워하는 것을 중단할 수가 없다. 항상 돈 버는 주식이나 부동산을 고르는 것도 마음에 심어진 씨앗이고 항상 실패하는 인식을 하는 것도 마음에 심어진 씨앗이다.

그리고 이러한 씨앗은 우리들이 생각과 말과 행동을 할 때 그 결과로 남는 혼적imprints이 녹화되어 우리 심층의 마음인 무의식 속에 저장된 것이다. 우리의 인식이라는 것이 그렇게 형성되고 그렇게 우리 의식의 표면으로 나타난다.

그러면 이제 중요한 것은 그 동안 계속하여 '선악과'를 따 먹으며 우리 심층의 마음속에 만들어 입력한 '실패의 프로그램'과 '고통의 항법 프로그램'을 다 해체하여 버리고 새로이 성공의 프로그램과 행복의 항법 프로그램을 우리의 마음속에 설치하는 것이다.

어떤 것이 실패를 가져오는 씨앗이고 어떤 것이 성공을 가져오는 프로그램인가?

항상 돈 벌고, 건강하고, 행복하고 성공하게 하는 씨앗은 사랑과 자비라고 한다. 남에게 자비심을 가지고 항상 베풀고 남을 살리는 것이 바로 선행이며 이 선행이 항상 성공의 인식을 가져온다. 반대로 남을 해치고 남을 망하게 하고 남을 죽이는 모든 생각과 말과 행동은 악행이며 항상 실패하게 하는 인식을 낳는다. 콩 심으면 콩 나고 팥 심으면 팥이 나오듯이 선행을 하면 돈 벌고, 성공하지만 악행을 하면 실패와 고통을 가져오는 인식을 하게 한다.

우리 주위를 주의 깊게 관찰해 보면 이러한 사실을 쉽게 발견할 수 있다. 빌 게이츠가 돈을 잘 벌기 때문에 많은 돈을 기부한다고 흔히 생각하지만 사실은 그가 남에게 많은 돈을 기부하기 때문에 그는 계속하여 돈을 잘 버는 것이다. 그러므로 돈 벌고 성공하고 싶으면 남에게 사랑과 자비를 베풀어야 한다.

소설가 이외수는 『하악하악』에서 이렇게 말한다.

"운이 꼬일 때가 있다. 그럴 때는 하는 일마다 실패를 초래한다. 하지만 헤어나는 방법이 있다. 일부러 어려운 사람들을 찾아다니면서 무조건 베풀어라. 그러면 거짓말처럼 모든 일이 잘 풀리게 된다."

이것은 아마도 그분의 체험담일 것이다.

그런데 주위를 둘러보면 악행을 일삼고 남을 해치는 사람들이 '잘 먹고 잘 살고' 있다. 우리들은 그러한 사례에 접할 때마다 혼란에 빠진다. 정직하게 살고 선행을 하고 항상 남에게 잘하라고 아이들에게 말하기가 선뜻 내키지 않는다. 그 아이들이 사회에 나가서 혹 바보같이 손해만 보고 사는 것은 아닐까 하고 염려되기 때문이다.

그러나 우리는 그러한 것에 흔들리면 안 된다. 악행을 밥 먹듯 하는 사람이 지금 돈도 잘 벌고 잘 살고 있는 것은 전생을 포함한 과거에 지은 그의 선행의 결과를 지금 누리고 있기 때문이다.

그러나 그러한 선행의 결과를 다 소진하고 나면 그동안 그가 저지른 악행의 결과로 그는 실패하고 망하게 된다. 그것은 마치 과거에 농사를 열심히 지어 창고에 곡식을 가득 채워 놓은 농부가 2~3년 도박과 술로 세월을 보내지만 아직도 창고에 남은 곡식으로 호의호식하는 것과 같다. 그러나 결국 창고는 바닥이 드러나고 그는 가난을 면치 못할 것이다.

한때 사업이 잘 되어 성공하고 돈도 많이 벌었지만 언제부터인가 갑자기 사업이 부진하고 드디어 망하게 된 사례를 우리는 주위에서 자주 보게 되는데 다 그러한 이유 때문이다.

그러므로 선행을 하고 항상 남에게 베풀면 성공하고 돈도 많이 벌 수 있음을 굳게 믿어야 하겠다.

인과 관계

잡초 씨앗이 땅에 떨어지면 어김없이 잡초가 나온다. 마찬가지로 하는 일마다 실패하고 하는 일마다 꼬이는 것은 그가 과거에 생각과 말과 행동으로 그의 깊은 마음에 심어 놓은 씨앗이란 영상이 그로 하여금 모든 일이 실패로 돌아가게끔 인식하고 판단하게 만들기 때문이다.

일반적으로 사람들은 인과 관계를 잘못 알고 있다. 돈이 없으므로 그는 인색하고, 몸이 건강치 못하여 짜증과 화를 잘 내고, 일이 잘 풀리지 않기 때문에 남에게 함부로 하고 남을 해치는 언행을 한다고 생각한다.

그러나 그것은 잘못 알고 있는 것이다. 인색하기 때문에 그는 가난하고, 짜증과 화를 자주 내기 때문에 건강치 못하고 병이 생기며, 남에게 함부로 대하고 남을 해치는 언행을 하기 때문에 그는 원하는 대로 일이 되지 않고 하는 일마다 꼬이는 것이다.

The rescued dog
Suikun. 2004

그러므로 사업에 성공하고 건강하고 항상 마음이 편하고 행복하려면 항상 남에게 베풀고, 나쁜 짓을 안 하고, 항상 참고, 옳고 착한 일 하는 것을 즐기고, 마음을 가다듬고 항상 깨어 있으며, 모든 것이 본질적으로 비어 있다고 알아 집착을 끊고, 그리고 모든 생명체에 대하여 자비와 사랑으로 대하여야 한다. 남을 위하여 자기 생명조차 바칠 수 있는 사람은 모든 것이 마음먹은 대로 성취된다고 한다.

마음의 밭 가꾸기

성공과 실패의 열쇠는 우리의 인식이며 그것은 우리 마음에 심어진 하나의 습관이라고 앞에서 말했다. 그것은 우리가 과거에 한 생각, 말, 행동의 결과로서 우리 심층의 마음속에 씨앗으로 뿌려진 것이다. 사업에서, 인생에서 늘 성공하려면 좋은 씨앗을 항상 심고 나쁜 씨앗은 심지 않아야 한다. 그리고 과거에 심어진 나쁜 씨앗을 마음속에서 소멸시켜야 할 것이다.

좋은 씨앗을 심으려면 첫째, 좋은 씨앗을 심겠다고 결심을 하고 둘째, 깨어 있고 집중된 마음을 유지하며 좋은 씨앗이 되는 생각, 말 그리고 행동을 해야 한다. 셋째, 사물과 사람이 본래 고정된 속성이 없이 비어 있고 사물에 대한 인식은 오직 우리 마음이 만든 것이라는 것을 명상을 통하여 확실히 깨달아야 한다.

그리고 과거에 심은 나쁜 씨앗을 제거하려면 첫째, 자기의 생각, 말, 그리고 행동을 반성하고 둘째, 잘못에 대하여 깊은 참회를 하고 셋째, 다시는 그러한 과오를 범하지 않겠다고 굳게 다짐하고 넷째, 잘 못을 뉘우치고 그것을 보상하는 행동을 하는 것이다.

살생을 했다면 생명을 살리는 방생이 좋은 보상이 될 것이다. 마치 숙련된 정원사가 정원에 잡초를 뽑아 다시는 잡초가 나오지 않게 하고 항상 좋은 꽃을 심고 가꾸듯 우리 마음의 밭도 그렇게 가꾸어야 한다고 티베트의 현자들은 말한다.

선과 깨침의 세계

미국과 유럽에 우리나라 선불교를 전파하여 많은 제자를 둔 숭산 스님이 미국에서 처음 활동하실 때의 일이다. 그 스님은 보스턴에서 낮에는 세탁소에 나가 일을 하고 밤에는 소수의 대학생 제자들에게 불법을 가르쳤다고 한다. 그것이 점차 커져서 여기저기에 선원을 개설하고 많은 제자를 길러 미국과 유럽에 벽안의 제자가 4~5만 명에 이르렀다고 한다. 그 스님 한 분이 한국 선불교를 구미에 전파하는데 기여한 공로는 실로 크다고 하겠다.

아무튼 초기에 점차 이름이 알려져 드디어 하버드 대학에서 초청 강연을 하게 되었다. 많은 학생과 교수들이 참석하여 그 스님의 강의를 들었다고 한다. 강의가 끝나고 한 여자 교수가, "What is love?" 하고 느닷없이 질문을 하였다.

"You ask me what is love. I ask you what is love. That is love." 라고 숭산 스님이 대답하였다고 한다.

질문한 여자 교수가 정말로 사랑이 무엇인지 몰라서 물은 것은 아닐 것이다. 그는 한국에서 온 선사가 무엇이라고 대답하는가 보고자 하여 그렇게 질문한 것일 것이다.

"사랑이 무엇입니까?" 하는데, "사랑은 남녀가 서로 좋아하는 감정이다."라고 하던가, "사랑은 자비심이다." 라고 상투적인 대답을 숭산 스님이 하였다면 속된 말로 그 스님은 그날 선사로서의 '스타일'을 완전히 구기고 말았을 것이다.

"당신이 나에게 사랑이 무엇이냐고 묻고 내가 당신에게 사랑이 무엇이냐고 묻는다. 그것이 바로 사랑이다."라고 한 숭산 스님의 대답은 참으로 멋진 대답이었다. 그 여교수는 더 이상 말을 할 수 없었을 것이다. 그것이 무엇을 뜻하는 것인지 그 교수가 알았다면 그는 참으로 상당한 경지에 이른 사람이었을 것이다. 어쩌면 그것이 무엇인지를 몰라서 침묵하였는지도 모르겠다.

그 여교수의 질문을 받고, "그대가 사랑이 무엇인지 알고 싶으면 직접 사랑을 해보십시오."라고 보통 사람이 대답했다면 그것은 참으로 훌륭한 대답이 되었을 것이다. 그러나 선승의 대답으로서는 무엇인가 부족하다고 하겠다. 사랑이 무엇인지 알고 싶으면 '바로 당신의 마음을 보십시오.' 라고 말하고 싶은 것을 숭산 스님은 그것을 넌지시 '당신이 사랑이 무엇이냐고 묻고 내가 당신에게 되묻는 것, 그것이 사랑이오.' 라고 돌려서 대답한 것이다. 사랑도 마음의 작용이고 질문하고 대답하는 것 그 모든 것이 곧 마음이다. 그러니 사랑을 알려면

바로 그대의 마음을 보라고 가르쳐 준 것이다.

선禪의 목적은 마음의 본 성품을 보아見性 진리를 깨쳐 성불成佛하는 것이다. 진리를 깨치려면 사랑을 몸과 마음으로 직접 체험해야 사랑의 맛이 어떤 것인지 알 수 있듯이 자기 마음의 본 성품을 보고 진리를 온몸과 마음으로 직접 깨쳐야 하는 것이다.

사랑이 무엇일까, 하고 아무리 머리로 생각을 해보아도 그것을 알 수 없고 사랑에 관한 남의 말이나 글을 아무리 듣고 읽어 보아도 사랑의 진미眞味는 모르는 것이다. 마찬가지로 선불교에서도 진리는 말과 글을 통한 생각으로 깨치는 것이 아니고 자기 마음을 보고 마음으로 직접 깨쳐야 하는 것이다.

그러므로 선승에게 제자가, "불법의 대의가 무엇입니까?" 하고 물으면 스승은 몽둥이로 때리거나 귀가 먹을 정도로 큰 소리를 지른다.

그것은 말하자면 제자의 습관인 진리에 대한 생각을 차단하고 텅 빈 마음의 본 모습을 곧바로 보게 하기 위한 특단의 조치인 셈이다. 스승으로부터 진리란 무엇이라고 설명을 들어 보았자 사랑이 무엇이라고 다른 이로부터 듣는 것처럼 아무 쓸모가 없는 것이다.

 하루는 정 상좌가 임제선사를 찾아뵙고 물었다.

"무엇이 불법의 큰 뜻입니까?"

선사는 자리에서 내려와 멱살을 움켜쥐고 뺨을 한 대 후려 갈기면서 밀쳐 버렸다. 정 상좌가 멍하여 우두커니 서 있으니 마침 곁에 서 있던 스님이 말하였다.

"정 상좌여, 왜 절을 올리지 않는가?"

정 상좌는 절을 하려는 그 순간 홀연히 크게 깨쳤다고 한다.

여기에 등장하는 정 상좌는 임제선사의 '스타일'을 잘 모르고 있거나 아니면 그분의 지도법을 잘 알지만 알고 싶은 마음이 너무 간절하여 혼날 각오를 하고 질문한 것이다.

참으로 진리가 무엇인지 알고 싶은 마음이 강렬한데 해답은 쉽게 찾아지지 않고 정말 가슴이 답답하여 미칠 지경이었을 것이다. 그러므로 그는 임제선사가 큰 소리로 자기를 윽박지르고 몽둥이로 때리 건 상관하지 않고 궁금한 것을 묻게 된 것이라 보인다.

임제선사는 황벽선사의 제자이다.

그도 황벽선사의 문하에서 수행할 때, "불법의 대의大義가 무엇입니까?" 하고 물을 때마다 매만 맞고 그것을 몇 차례 반복하다 결국 스승을 떠나 대우선사에게 갔다.

그는 그간의 사정을 얘기를 하며, "내가 무슨 허물이 있어 매를 맞았는지 모르겠습니다." 하고 한탄했다. 대우선사는 황벽선사가 자비롭게 그대를 일깨워 주려고 애썼는데 자신의 허물만 찾고 있느냐고 그를 나무랐다.

그때 임제 스님은 홀연히 깨친 후, "황벽의 불법이 별것 아니구나" 하고 말했다. 그때 대우가 "네가 본 것이 무엇인지 속히 말해보라." 하고 재촉하니 임제는 대우의 옆구리를 세 번 쥐어박고 그를 떠났다.

다시 황벽선사에게 돌아온 임제가 그간의 사정을 애기하니 황벽왈, "그 수다스런 늙은이를 내가 다음에 만나면 실컷 두들겨 패 줘야겠다." 그 말이 채 끝나기도 전에, "뭐, 다음까지 기다릴 것 있습니까?" 하며 스승인 황벽선사의 뺨을 후려갈겼다.

"한 송이 국화꽃을 피우기 위해 천둥은 먹구름 속에서 또 그렇게 울었나보다"란 서정주 시인의 '국화 옆에서'란 시의 한 구절이 생각난다. 국화 꽃 한 송이 피는 것도 저렇게 어려운데 하물며 한 사람이 깨친다는 것은 얼마나 힘든 일이겠는가.

선의 세계는 대게 이렇다. 선의 세계는 세속에서 세속의 논리로 살아가는 우리들의 세계와는 전혀 다른 세계이다. 그것은 말하자면 비논리의 세계이며 비사유의 세계라고 하겠다. 자기 마음의 본 성품을 보고 깨친다는 것은 논리적 사고로 가는 길이 아니므로 속세에서처럼 마음이 무엇인가 진리가 무엇인가, 아무리 생각에 생각을 거듭한다고 알 수 있는 것이 아니다. 생각하면 할수록 그 길에서 점점 더 멀어지는 것이다. 그러니 불법이 무엇이냐, 달마가 서쪽에서 온 뜻이 무엇이냐고 물을 때마다 그의 생각하는 습성을 막고 그 생각을 말하는 입을 틀어막기 위하여 고함을 지르거나 몽둥이로 때린다.

그리하여 "대답을 해도 30방, 대답을 못해도 30방" 하거나 "목구멍과 입술을 닫고 속히 말해 보아라." 한다. 입도 뻥긋하지 말고 네가 깨친 바를 말하라고 하면 속세에서는 농으로 받아들이거나 그렇게 말하는 이를 실성한 사람으로 취급할 것이다.

그러나 선의 세계에서는 이것이 제자를 일깨워 주기 위한 자비로운 가르침이 된다. 황벽 문하의 임제처럼 깨치고 나서 무슨 말이 필요하겠는가. 그 경지는 스승도 알고 깨친 제자도 안다. 더 이상 말이 필요 없다. 주먹으로 스승의 옆구리를 내지르거나 스승의 뺨을 때리는 것은 말하자면 입도 뻥긋하지 않고 그가 깨친 바를 말하는 행동일 것이다.

입도 뻥긋하지 말고 말해 보라는 마조선사의 재촉을 받은 세 사

람의 제자 위산, 오봉, 운암은 모두 입을 열고 대답 아닌 대답을 하
였다. 실망한 마조 선사는, "나의 법손法孫을 잃었군." 하고 탄식하
였다.

조사가 서쪽에서 온 뜻

 한 스님이 조주선사에게 물었다.

"무엇이 조사가 서쪽에서 오신 뜻입니까?"

"앞 이빨에 털이 났다."

달마가 인도로부터 와서 보여준 진리가 무엇이냐고 물었는데, "앞 이빨에 털이 났다."고 대답을 한 것이다. 한문으로는 판치생모板齒生毛라고 하는데 이것을 내가 처음 대하였을 때의 느낌은 마치 내가 네팔의 포카라에 가서 설산을 처음 대하였을 때의 느낌과 같았다.

한밤중 달빛에 은은한 빛을 발하고 있는 하얀 눈 덮인 안나푸르나와 마차푸차레의 영봉들을 마주 대하였을 때 나의 머릿속은 아무 생각도 없이 그냥 '하얗게' 되었다.

우리의 끊임없이 흐르는 생각을 우리의 머리에서 완전히 비워 버리는 데 있어서 판치생모처럼 더 이상 좋은 약은 없을 것이다.

생각을 완전히 비워야 마음의 참모습을 볼 수 있다면 이 이상 좋은
화두는 없을 것이다. ➤

발우를 씻어라

 한 스님이 물었다.

"무엇이 저 자신입니까?"

"죽은 먹었느냐?"

"먹었습니다."

"발우를 씻어라."

여기에서 말하는 '저 자신'은 자기 마음의 본 성품을 말하는 것이다. 우리의 몸도 자신이 아니고 우리 보통의 마음도 자기 자신이 아니다. 내 마음대로 안 되는 이 육체가 그리고 분노하고, 질투하고, 미워하는 이 마음이 자신이라면 얼마나 한심한 일인가.

때 묻지 않은 마음을 가진 아이들과 쓸데없는 생각이 없는 천진스러운 아이들처럼 무심히 밥을 먹고 밥그릇을 씻을 때처럼 자기 자신의 진면목이 잘 드러나는 때가 있을까. 그러므로 평상심이 도道라 한 것이다.

마조는, "무엇을 평상심이라 이르는가? 조작, 시비是非, 취사取捨, 단상斷常, 범성凡聖이 없음이다."라고 말했다.

평상심은 '이다'와 '아니다', '옳다'와 '그르다' 등 모든 것을 둘로 나누어 보는 시비 분별을 떠난 마음이고 '선악과'를 따 먹고 낙원인 에덴 동산에서 추방되기 전의 우리들 본래의 천연스러운 마음을 말한다.

견성한다는 것은 그 본래부터 가지고 있는 깨끗한 깨침의 마음을 회복하는 것이다. ⬎

큰 길은 장안으로

 한 스님이 물었다.

"무엇이 도道입니까?"

"담장 밖의 길이다."

"그것을 물은 것이 아닙니다."

"무슨 도를 물었느냐?"

"대도大道 말입니다."

"큰길은 장안으로 통한다."

진리가 무엇이냐고 물었지만 조주는 계속 눈앞의 길만 이야기한다. 그렇다고 조주의 대답이 전혀 쓸모없는 것은 아닐 것이다. 도는 생각으로 가는 것도 아니고 설명을 듣고 아는 것은 더더욱 아니다. 길을 가듯 직접 체험하여 깨치는 것이다.

사람이 돌을 던지면 개는 돌을 쫓아가지만 사자는 돌 던진 사람을 문다고 하였다.

조주의 의도를 간파하여 바로 깨쳐 들어가야 사자가 되는 것이
다.

건너오너라

 한 스님이 조주선사에게 말했다.

"오래도록 조주의 돌다리에 대하여 들어 왔으나 와서 보니 외나무다리만 보입니다."

"그대는 외나무다리만 볼 뿐 조주의 돌다리는 보지 못하는구나."

"무엇이 돌다리입니까?"

"건너오너라, 건너오너라!"

조주가 다시 말했다.

"나귀도 건너고 말도 건넌다."

조주는 늦은 나이에 도를 깨치고 120살까지 살면서 많은 제자들을 가르쳤다. 그가 주석하던 곳이 관음원인데 그곳을 가려면 돌다리를 건너야 했다.

고통으로 가득찬 생활 세계를 차안此岸이라 하고 깨친 열반의 세계

를 피안彼岸이라 한다. 이곳에서 저곳으로 건너가려면 튼튼한 '돌다리'가 있어야 한다.

조주는 유명한 선사이니 쉽게 깨치는 방법이 있을 것이라 기대하고 와서 보니 그렇지 않았던 모양이다. 쉬운 방법이 무엇이냐고 물었는데 조주는 그냥 '건너오라'고 한다.

가 보지 않은 곳은 어떤 길이 목적지에 이르는 길인지 모른다. 그러나 가 보면 어렵지 않다.

처음 수영을 배울 때도 마찬가지로 참으로 어려워 보인다. 그렇다고 겁을 먹고 물에 뛰어들지 않으면 영영 수영을 배울 수 없다. 물에 빠지기도 하고 물도 먹고 파도에 휩쓸려 혼도 몇 번 나고 하며 수영을 배우고 보면 수영하는 것이 그렇게 쉬울 수 없다.

견성見性도 마찬가지로 우선 뛰어들어 건너야 한다. 대신 수영을 해줄 수 없듯이 견성도 본인이 직접 '건너야' 하는 것이니 조주는 그냥 '건너오라'고밖에 할 수 없다. 스승이 해줄 수 있는 것은 조금 힌트를 주거나 용기를 주거나 격려해 주는 일 뿐이다. ➤

처음부터 여기 있는데

 한 때 마조선사가 제자인 백장과 산책을 하고 있었다.

"저게 무엇이냐?"

"기러기들입니다."

"지금 어디 있는가?"

"그들은 날아가 버렸습니다."

그 순간이었다. 마조는 느닷없이 백장의 코를 잡아 비틀었다. 코를 감싸 쥐고 비명을 지르는 백장에게 마조는 말했다.

"그들은 처음부터 여기 있는데 어떻게 날아갔다고 말 할 수 있느냐?"

이 말 끝에 그동안 수행이 무르익어 곧 알을 깨고 나올 찰나에 있던 백장은 견성의 체험을 한다.

깨침은 본래부터 우리에게 갖춰져 있다. 이것을 본각本覺이라고 말하기도 한다. 마치 해가 구름에 가려 보이지 않지만 항상 하늘에 있듯이 말이다. 다만 우리가 세상에서 밥 먹고 사느라 정신이 없어 모르고 있을 뿐이지 누구나 마음을 가다듬고 한순간 깨치면 된다.

스승은 제자의 공부 정도를 훤히 알고 있다. 마조는 백장이 그동안 열심히 수행 정진하여 이제 거의 완성 단계에 도달한 것을 알고 있었다. 마침 기러기가 날아가는 것을 본 마조는 지금 어디 있느냐고 물었다. 물론 마조는 네가 열심히 탐구하고 있는 네 마음의 본성이 어디 있느냐고 물었지만 백장은 그냥 기러기로만 생각하고 날아가 버렸다고 대답했다. 코 비틀림의 아픔을 겪는 순간 그는 그렇게 찾아 헤매던 보물을 본 것이다.

마조는 제자를 지도함에 이렇게 능수 능란하였다. 그러므로 마조를 위대한 선승으로 추앙하는 것이다.

수행자가 좋은 스승을 만나는 것은 그에게 있어서 큰 축복이다.

달을 보라

한 스님이 법안 스님에게 물었다.

"손가락은 묻지 않겠지만 무엇이 달입니까?"

"무엇이 그대가 묻지 않겠다는 손가락이냐?"

"달은 묻지 않겠습니다만 무엇이 손가락입니까?"

"달이지."

"저는 손가락을 물었는데 스님께서는

어째서 달이라고 대꾸하십니까?"

"그대가 손가락을 물었기 때문이다."

여기에서 '달'은 깨치고자 하는 진리를 의미하고 '손가락'은 그 진리에 이르는 길잡이인 설명을 의미한다.

질문한 스님은 진리에 관한 설명은 말고 진리가 무엇이냐고 물은 것이다. 사랑에 관한 설명은 말고 '사랑이 무엇이냐?'고 묻는 것처럼 자기 모순을 드러내고 있다. 사랑을 알려면 직접 사랑을 하는 길밖에 다른 방법이 없다. 마찬가지로 진리를 알려면 바로 진리를 깨쳐야 한다. 아무리 사랑에 관한 말을 듣고 글을 읽는다 하여도 사랑은 모른다. 마찬가지로 진리에 관한 설명을 듣는다 하여도 직접 깨치기 전에는 진리를 알 수 없는 것이다. 그래서 법안 스님은 '그대가 묻지 않겠다는 손가락은 무엇을 말하느냐' 고 되물은 것이다. 왜냐하면 진리에 관한 설명을 하면 그것은 이미 '달'이 아니고 '손가락'이 되기 때문이다.

그러자 질문자는 이번에는 본래의 목적을 잊어버리고 '손가락이 무엇이냐' 고 또 묻는다. 그는 혼란에 빠져 갈팡질팡하고 있다. 그러니 법안은 다시 '달이다.' 라고 대답한다.

선의 목적은 견성見性하여 깨치는 데 있다. 견성이란 자기 마음의 참 모습을 곧바로 보아 깨치는 것이다. 그 참마음이 바로 '달'이다.

법안은 위의 대화 가운데 곳곳에서 참마음을 보라고 일깨워 주고 힌트를 주지만 그 스님은 그것을 놓치고 있다.

'달이 무엇이냐고 묻는 그대', '손가락이 무엇이냐고 묻고 있는 그대' 는 '누구인가' 하고 일깨워 주지만 그는 알아차리지 못하고 지나간다. 묻고 있는 자가 바로 '자기 자신'이고 그것이 찾고 있는 한마음一心이다.

말하고 걷고 자고 할 때 항상 가지고 있는 그것을 모르고 있으니 질문자는 참으로 안타까울 뿐이다.

THE MOON
SUKUN
2001

대답하는 그대는 누구인가?

하루는 배휴가 절에 들어가 향을 사르고 나서 벽화를 보고 주지에게 물었다.

"이것이 무슨 그림인가?"

"고승의 초상입니다."

"고승의 초상이야 볼 수 있지만 고승은 어데 있는가?"

그러자 스님들이 대답을 못했다.

"여기는 선인禪人이 없는가?"

주지가 황벽을 불러 왔다.

"저에게 한 가지 질문이 있는데 모든 스님들이 사양하니 스님께서 한 말씀 일러 주십시오."

"물어 보도록 하라."

"고승의 초상이야 볼 수 있지만 고승은 어디 있습니까?"

그러자 황벽이 갑자기 큰 소리로 외쳤다.

“배휴.”

“예.”

“어디에 있는가?”

여기에 질문자로 등장하는 배휴라는 인물은 상국이라는 높은 벼슬을 한 사람으로 독실한 불자였다. 그는 황벽선사의 후원자였으며 동시에 그로부터 많은 가르침을 받은 제자인 셈이다. 황벽선사의 어록이 잘 기록 보존된 것도 배휴의 기록 때문이라 한다.

황벽 희운선사는 “하루 일하지 않으면 하루 먹지 않는다一日不作一日不食.”는 절의 규칙을 만든 것으로 유명한 백장회해의 제자이며 훗날 임제종의 창시자가 된 임제 의현의 스승으로 유명하다.

임제는 황벽 스님에게, “어떤 것이 불법의 대의입니까?” 하고 물을 때마다 매만 얻어맞고 실망한 끝에 대우 스님에게 갔다.

그간의 얘기를 듣고 대우는 황벽 스님이 그렇게도 일깨워 주려고 애썼는데도 모르고 자신의 허물만 찾고 있느냐고 나무랐다. 그 말 끝에 임제는 즉시 깨치게 되었다고 한다. 이른바 무위진인無位眞人의 가르침으로 제자들을 지도한 임제는 지도할 때마다 할喝을 사용한 것으로 유명하다.

질문하는 배휴라는 인물도 보통 사람은 아니다. 벽에 걸린 고승의 초상을 보고 초상이란 허상이 아닌 실체는 어디에 있느냐고 물으니 그 절의 주지를 비롯하여 다른 스님들이 아무도 대답을 못하고 있었다.

그는 이 절에는 선의 진수를 아는 선승이 없느냐고 물었고 주지^{절의} _{행정을 맡은 사람}는 할 수 없이 황벽선사를 모시고 왔다. 황벽선사는 배휴에게 같은 질문을 하도록 하고는 갑자기, “배휴” 하고 그의 이름을 불렀고 그가 무심코, “예” 하고 대답하는 찰나, “어디에 있는가?” 하고 다그쳤다. 그동안 수행을 해온 배휴는 그 찰나에 자기의 실체인 본성품을 보게 되었다.

중국에 선불교를 전래한 분이 그 유명한 달마대사이다. 달마는 이 세상의 모든 현상은 마음에서 비롯된 것이며 견성하지 않으면 성불할 수 없다고 가르쳤다.

마음이 곧 부처이므로 마음을 깨쳐야 한다. 문자에 의존하지 말고 직접 마음을 보라고 가르쳤다.

“마음이 무엇인가”라는 질문에, ‘네가 묻는 것 그것이 네 마음이고 내가 대답할 때 그것이 내 마음이다.” 그는, “네가 어데 있건 무엇을 하건 그것이 바로 너의 마음이고 그것이 너의 본래 부처本佛이다.”라고 가르쳤다.

황벽 선사가 ‘배휴’ 하고 부르고 대답하는 너는 ‘어디 있느냐? 고 다그칠 때 근기가 뛰어났던 배휴는 그 즉시 자기 마음의 본 성품을 깨치게 된 것이다. 🐦

푸른 산 깊은 물

 영은산 청용선사에게 어떤 이가 물었다.

"우두가 4조祖를 보기 전엔 어떠합니까?"

"푸른 산과 깊은 물이니라."

"본 뒤엔 어떠합니까?"

"깊은 물과 푸른 산이니라."

누가 묻기를 깨치기 전과 후는 어떠냐고 물은 것이다. 우리는 누구나 불성이 있어 본래 깨쳐 있는 붓다이지만 우리가 눈이 어두워 그것을 모를 뿐이다. 그러니 사실 나의 본체, 본래 면목은 깨치기 전이나 깨친 후나 하나도 다를 것이 없다.

저 푸른 하늘은 구름에 가려 보이지 않건 구름이 걷혀 보이건 푸른 하늘임에는 아무런 차이가 없고 같은 하늘이다. 바다도 바람이 불어 파도가 사납게 치는 때나 바람이 잦아서 고요할 때나 바다라는 본질에 있어서는 아무런 차이가 없다. 그러니 깨치기 전이나 후나 산은 푸르고 물은 깊다.

청용선사는 참으로 재치가 넘치는 분이다. 그래서 그는 깨치기 전에는 푸른 산과 깊은 물이라고 말하고 깨친 뒤엔 깊은 물과 푸른 산이라고 그 순서만 바꾸어 대답해 준 것이다.

우두는 4조 도신道信을 만나서 견성하였다고 한다. 4조 도신과 우두 법융의 만남은 매우 극적이다. 대개의 경우 배우고자 하는 사람이 스승을 찾아가는 것이지만 우두의 경우는 스승인 도신이 제자를 찾아온 것이다. 19세 때 출가한 법융은 우두산에 은거하며 수행을 하고 있었다. 하루는 도신이 멀리서 우두산에 상서로운 기운이 있음을 보고 뛰어난 수행인이 있을 것임을 알고 우두를 찾아온 것이다.

도신이 좌선하고 있는 우두에게 물었다.

"지금 여기서 무엇을 하고 있는가?"

"마음을 관하고 있소."

"관하는 자는 누구이며 마음이란 어떤 물건인가?"

누가 와도 일어나서 인사하는 법이 없는 우두는 그때 자리에서 일어나 합장으로 도신을 맞이하였다.

우두의 수행처에는 호랑이들이 배회하고 있었다. 이를 본 도신이 손을 흔들며 겁먹은 시늉을 했다.

우두가 겁내지 말라 하면서, "아직도 그런 것이 남아 있습니까?" 하였다. 도신이, "지금 무엇을 보았는가?" 하고 되묻자 우두는 대답을

못하였다.

도신이 돌 위에 '불佛'자를 쓰고 그 위에 앉자 우두가 이를 보고 매우 송구하게 생각하였다. 도신이 "아직도 그런 것이 남아 있는가?" 하고 묻자 우두는 또 대답을 못하였다.

우두는 도신에게 진실의 법문을 청하였다. 모든 것은 마음에 근원이 있다는 도신의 설법을 듣고 오랜 수행 끝에 완성 단계에 있었던 우두는 드디어 깨치게 되었다고 한다.

현실이 곧 극락

매일 바삐 사는 사람도 정말 가끔은 마음에 아무런 근심 걱정 없고 모처럼 한가한 시간에 시골 길을 걸으면서 또는 도심의 어떤 공원의 벤치에 앉아 망중한을 즐길 수 있다. 그때 그 순간은 그에게 있어서 열락悅樂의 순간이다. 그 길은 그전에도 갔던 길이고 그 공원의 벤치도 그가 종종 앉던 곳이다.

그러나 다 같은 길이고 다 같은 공원의 벤치이지만 그의 마음이 근심 걱정으로 가득 찼을 때는 그곳은 즐거운 곳이 아니고 지옥같이 괴로운 곳이다. 그러므로 마음에서 근심 걱정만 제거할 수 있으면 이 고통의 세계가 곧 열반이며 극락이다.

극락은 이 세계와 동떨어진 다른 세계 어딘가에 있는 것이 아니고 우리 삶의 현장이 곧 최고의 즐거움極樂이 있는 곳이다. 우리가 삶을 사는 이 현상계에 고통과 즐거움이 있는 것이 아니고 그 현상계를 대하는 우리의 마음에 있는 것이다. 늘 걷던 길, 늘 앉던 공원의 벤치가 내 마음의 상태에 따라 고통의 장소가 되기도 하고 즐거움의 장소가 되기도 하듯 말이다.

성철 스님께서, "불교에서 근본적으로 현실이 절대라고 주장한다. 눈만 뜨고 보면 사바 세계 그대로가 극락 세계가 되는 것이다. 그러니 절대 세계를 딴 데 가서 찾으려 하지 말고 자기 마음의 눈을 뜨도록 노력해야 한다. 눈만 뜨면 태양이 온 우주를 비치고 있다는 것을 볼 수 있다. 바로 알고 보면 우리 앉은 자리, 선 자리, 이대로가 절대 세계이다." 라고 하신 말씀은 우리가 깨쳐 마음에서 일체의 번뇌와 집착이 소멸하고 사물의 실상을 바로 알게 되면 이 상대 세계가 곧 절대 진리의 세계이며 이 현실 그대로가 극락이라는 것이다.

소리 없는 소리

 어느 중이 물었다.

"공부하는 사람이 처음으로 종림에 들어왔으니 스님께서 나아갈 길을 가르쳐 주십시오."

종일선사가 말했다.

"그대는 밖에 흐르고 있는 시냇물 소리를 듣고 있는가?"

"예, 듣고 있습니다."

"그것이 바로 네가 나아갈 길이다."

스승을 찾아와서 공부하여 깨치는 길을 가르쳐 줄 것을 요청하였는데 그 스승의 대답은 시냇물 소리를 듣는 데 길이 있다고 한다.

깨치는 길, 견성의 길은 우리 마음의 근원으로 돌아가는 것이다.

마음의 근원으로 돌아가 견성하는 길은 여러 가지 있을 수 있지만 관세음보살처럼 듣는 것을 따라 근원으로 돌아가는 것이 제일 좋다고 한다.

능엄경에서 문수보살은 관세음보살처럼 듣는 성품을 보라고 권한다.

"대중들이여, 그리고 아난다여.

그대들의 잘못 듣는 기틀을 돌려라.

듣는 놈을 되돌려 자기의 성품을 들으라.

그 성품이 위없는 도를 이루나니

원통圓通이란 실로 이와 같아야 하느니라."

이 생활 세계에서 살고 있는 우리는 소리가 나면 그 소리를 쫓아 듣고 볼거리가 있으면 우리는 그것을 쫓아 본다. 우리는 외계의 대상을 따라 보고, 듣고, 냄새 맡는다. 이것이 우리가 일상생활 속에서 하는 경험이다. 이와 같이 우리 마음이 외계의 사물을 따라다니면 견성하고 깨치는 것은 불가능하다.

우리가 보고 듣고 하는 마음을 내면으로 되돌려 보고 듣고 하는 우리의 마음을 관하여 그 실체를 파악하여야 한다. 시냇물 소리를 들으라는 것은 하루 종일 앉아서 그 소리를 들으라는 것이 아니라 시냇물 소리를 듣는 자기의 듣는 성품을 들으라는 것이다. 이것이 소리 없는 소리를 듣는 것聽無聲이다.

뜰 앞의 까마귀가 울자 어떤 이가 선사에게 물었다.

"까마귀 소리를 들었습니까?"

"들었소."

이윽고 까마귀가 날아가 버리자 그는 다시 물었다.

"들으십니까?"

"듣고 있소."

"까마귀가 날아가서 소리가 나지 않거늘 어찌하여 듣는다 하십니까?"

"나는 들음 없이 들어서 소리에 매이지 않는다. 듣는 성품은 소리를 따라서 나生거나 소리를 따라 멸滅하지 않는다."

들음 없이 듣는 것이 바로 우리의 듣는 성품을 듣는 것이요, 그것이 듣는 마음을 따라 마음의 근원으로 들어가는 길이다. 그리하여 일본의 하쿠인선사는 '한 손으로 치는 손뼉 소리는 무엇인가?' 하며 소리 없는 소리를 들으라고 암시하고 있다. 마음의 근원으로 돌아가 자기의 본 성품을 보게 되면 그때 비로소 그는 시냇물 소리를 다만 시냇물 소리로 들을 수 있다. 알고 보면 시냇물 소리 그대로가 진리의 소리法音요 붓다의 음성佛音이다.

흰 구름 한가히
산마루 지나고
가까이 들리는
시냇물 소리.

한결같은 마음

 어느 중이 조주 선사에게 하직하러 왔다.

"어디로 가는가?"

"설봉 스님한테 갑니다."

"설봉 스님이 만약 너를 보고 내가 무슨 말을 했는가 묻는다면 너는 무엇이라 대답하겠는가?"

"모르겠습니다. 스님께서 대답해 주십시오."

"겨울에는 춥다고 하고 여름에는 덥다고만 하여라."

이것이 조주 대선사의 가르침이었다. 불법은 추우면 추운 대로 더우면 더운 대로 모든 것을 있는 그대로 받아들이는 것이다.

우리는 추워서 죽겠고 더워서 못살겠다고 한다. 저 놈은 미워서 죽겠고 이 사람은 예뻐서 죽겠다. 춥다고 안달한다고 춥지 않고 덥다고 짜증낸다고 덥지 않는 게 아니다. 그러나 우리는 그렇게 경계에 끄달리고 분별과 집착의 늪에 빠져 항상 괴로워한다. 바람이 쉬면 파도가 잦아 고요하고 맑은 바다가 드러나듯 모든 분별 망상의 파도를 쉬면 여여한 마음을 갖게 된다.

그는 사물과 현상의 진실된 모습을 보게 되고 허공 같은 마음을 갖게 된다. 그는 봄은 꽃이 피어 좋고 여름은 더워서 좋고 가을은 가을 대로 좋고 겨울은 겨울 그대로 좋을 뿐이다. 그러면 변화무쌍한 이 현실이 그대로 곧 열반이 된다. 사실 나 이외의 모든 것은 내가 통제할 수 없는 것이다. 주위의 모든 사물과 환경, 나와 관계 맺고 있는 모든 사람들 심지어는 내 몸까지도 내가 마음대로 할 수 없다. 우리의 몸이 늙고 병드는 것을 막을 수도 없고 고약한 이웃 사람도 내가 어떻게 할 수가 없다. 내 자식도 내 마음대로 되지 않고 주위 환경이 나빠도 그것은 내가 어떻게 고칠 수 있는 것이 아니다. 그러니 역경을 당하여 울고불고한들 무슨 소용이 있겠는가. 그러므로 비록 힘들긴 하여도 내가 통제할 수 있는 것은 오직 내 마음뿐이다. 내 마음이 그 어렵고 괴로운 모든 역경을 당하여도 조금도 흔들림이 없고 여여하다면 그러한 역경은 나를 괴롭힐 수 없고 그것은 이미 더 이상 역경이 아니다. 그러니 내 마음을 다스려 모든 경계에 흔들림 없는 부동의 마음을 갖도록 하여야 한다.

이와 같이 흔들림 없는 마음은 팔지八地 보살에 이르러야 얻게 된다. 그 단계의 보살이 되어야 모든 의식적 활동을 쉬고 온갖 사념과 분별을 떠나 본성에 머문다. 그는 시비是非로 가려 보는 습성을 완전히 극복하여 모든 것을 있는 그대로 받아들인다.

그의 마음은 맑은 거울같이 사물을 비출 뿐이다. 맑은 거울은 예쁜 사람이 오면 그대로 비치고 못난 사람이 오면 또한 그대로 비칠 뿐 거울 자체는 늘 한결같다. 사실 거울에게 예쁜 것이 어디 있고 못난 것이 어디 있겠는가. 그러한 분별은 우리 마음이 자기 멋대로 구분한 것일 뿐이다. 마찬가지로 마음이 여여하면 병이 오면 오는 대로 죽음이 닥치면 그대로 받아들인다. 그 마음에 아무런 동요가 없고 그저 담담할 뿐이다. 🍂

토끼가 왜 도망가는가?

조주선사가 어떤 사람과 동산을 거닐게 되었는데 토끼란 놈이 화들짝 놀라 뛰어가는 것을 보고 그 사람이 물었다.

"화상은 큰 선지식인데 어찌하여 토끼가 보고 놀랍니까?

"노승이 살생을 좋아하기 때문이다." 하고 대사가 대답하였다.

질문하는 사람은 분명 조주에게 시비를 걸고 있는 것이다. 그에게 시비하려는 의도가 없다면 그는 무척 '왜'란 질문을 좋아하는 사람이 분명하다. 그는 별것이 다 궁금한 사람이다. 예쁜 꽃이 왜 피었는지 몰라도 그냥 보고 즐기면 되고 토끼가 왜 도망가는지, 새가 왜 날아가는지 몰라도 무심히 그냥 보고 즐길 수는 없는 것인가. 그냥 노 선사와 한가히 산책하며 자연을 즐기면 되는 것을 그는 쓸데없이 분별의 욕구를 발동하고 있다.

조주선사는, "노승이 살생을 좋아하기 때문이다." 하고 일언지하에 시비를 종식시킨다. 선禪의 세계는 시비 분별을 모두 초월한 세계이므로 그곳은 '왜'란 분별의 욕구가 이미 소멸한 세계이다. 그러므로 조주선사에게 시비 분별의 욕구가 있을 리 없고 한가히 누구와 쓸데없이 희론戱論을 할 마음이 조금도 없다. 시비를 걸어 오는 사람의 말을 그대로 긍정하여 받아들이는 것만큼 시비를 차단하는 효과적인 방법은 없다. 그러나 만일 다른 사람이 다른 때 똑같은 질문을 한다면 조주가 동일한 대답을 한다는 보장은 없다. 아마도 조주선사는, "그대에게 살생하는 마음이 있기 때문이다." 하고 대답할는지도 모른다.

한때 어떤 사람이 조주에게 선사의 지팡이를 달라고 하자 조주는 안 된다고 거절하였다. 그랬더니 그 사람은, "부처의 자비로 베풀어야 하지 않겠습니까?" 하였다. "나는 부처가 아니다." 하고 조주는 그의 말문을 막아 버렸다.

주위 상황이나 체면 때문에 어쩔 수 없이 원하지 않는 일을 하게 되는 것은 보통 사람의 경우에도 바람직한 일이 아니다. 하물며 선승인 조주가 '자비심'을 빙자하여 지팡이를 갖고 싶은 자기의 욕심을 채우려는 그 사람의 요구를 들어줄 리 없다. 오히려 그런 요구를 가차 없이 거절하는 것이 자비심이다. ᕳ

선과 문화

선과 예술

　　서양 사람들이 선불교를 접하게 된 것은 주로 일본의 선 문화禪文化를 통하여서이다.

　　중국에서 받아들인 선은 출가 수행자들에게만 국한되지 않고 일본인들의 생활 곳곳에 스며들어 아름다운 선 문화禪文化를 꽃피웠다. 선은 다도, 시문학, 정원 가꾸기, 무사도에 이르기까지 깊은 영향을 미쳤다.

　　서양인들이 일본을 유독 좋아하는 것은 이러한 선 문화에 매료되기 때문이며 오늘날에도 서구에서 선을 Zen이라고 쓰는 것도 일본어의 발음을 그대로 옮겨 쓴 것이다.

　　선과 선 예술 사이에는 깊은 공통점이 있다. 선은 사람과 사물의 본 성품을 보아 진리를 깨치는 것이다. 그것은 선 수행을 통하여 직관으로 깨치는 것이지 어떤 관념적 사유나 생각으로 아는 것이 아니다.

마찬가지로 선의 정신을 예술 창작을 통해 추구하고 표현하는 선 예술에서도 생각이 아니라 직관으로 사물의 본질을 꿰뚫어 보고 그 것을 창작으로 표현한다.

선의 정신을 창작에서 추구하는 예술가들은 모든 세속적인 욕심이 나 생각을 다 비우고 무심의 경지에서 작업을 한다.

관념이 죽은 자리에서 깨침이 오듯 생각이 죽은 자리에서 선의 창 작이 나온다. 그렇게 무심의 경지에서 창작된 작품은 단순하고 소박 한 아름다움을 느끼게 한다.

그것을 보는 사람으로 하여금 더러운 생각들을 다 비우게 만들고 공空을 느끼게 한다. 그러면서도 살아 숨쉬는 생명력을 느끼게 하며 우리와 대상이 직접 하나가 되게 한다.

아마도 북인도의 낙가르에 있는 로에리치의 갤러리에 진열된 화 가 로에리치의 작품처럼 아픈 사람을 치유하는 힘을 갖게 될 수도 있다.

마음을 비우고 만든다

중국 노나라에 '거'라는 악기를 잘 만드는 명인이 있었다. 그의 솜씨는 따를 자가 없이 훌륭하여 세상 사람들이 신의 솜씨라고 찬탄했다.

노나라 임금이 그에게, "그렇게 잘 만드는 비법이 무엇인가?" 하고 물었다.

"한 가지 있기는 있습니다. 저는 심기心氣를 소모시키지 않고 반드시 재계齋戒하여 마음을 깨끗이 합니다. 사흘을 재계하면 상을 받거나 벼슬을 얻는 따위의 욕심을 다 버리게 되고, 닷새를 재계하면 세상의 비난이나 칭찬, 잘하고 못한다는 생각을 버리게 되며, 이레를 재계하면 마음이 전혀 움직이지 않고 나의 사지四肢와 육체마저 잊게 됩니다. 이때는 조정의 권세에도 전혀 마음이 없고 오직 내가 만드는 일만을 생각합니다. 외부의 어떤 일도 나의 마음을 어지럽히지 않습니다. 그때가 돼서 저는 산으로 가서 본래의 성질과 모습이 좋은 나무를 고르고 마음속에 만들어야 하는 거의 모양을 그려 보고 작업을 시작합니다. 만약 뜻대로 안 되면 만들지 않습니다. 이렇게 하면 나무의 본성과 저의 본성이 하나가 된 작품이 만들어집니다." 하고 그 명인은 대답하였다.

모든 오염된 잡생각을 다 버리고 마음을 깨끗하게 비운 다음에 작품을 만든다는 이 명인의 말은 바로 선 예술의 핵심을 보여 준다.

오래된 연못

 아, 오래된 연못
개구리가 뛰어들고
퐁당 하는 물소리.

이것은 일본에서 유명한 바쇼의 하이쿠^{짧은} 시다.

오래된 연못가로 사람이 지나가자 놀란 개구리가 연못으로 뛰어들며 퐁당 하는 물소리가 들린다. 연못과 개구리가 보이고 퐁당 하는 물소리가 들릴 뿐 생각 한 점 끼어들 틈이 전혀 없다. 오직 단순한 체험만이 삶의 한 순간을 꼭 채우고 있다.

시어詩語도 군더더기 하나 없이 담백하다.

창가에 비친 달

   도둑이

창가에 달만

남기고 갔네

일본의 량관이란 선승이 남긴 시이다.

그가 출타하였다 돌아오니 그의 가난한 초막에 도둑이 들어 하나 밖에 없는 침구와 옷을 가져갔다. 텅 빈 방에 홀로 앉아 창가에 비친 달을 보며 읊은 것이다.

이 선시禪詩는 단순하지만 욕심도 생각도 모두 사라져 저 푸른 하늘같이 텅 빈 마음을 드러내 보인다.

흰 눈 덮인 히말라야의 산들을 한밤중에 홀로 대할 때 느끼는 그 적막함이 있고 향수가 있다. 그것은 우리가 잃어버린 마음의 고향에 대한 향수일 것이다.

윤사월

송화가루 날리는

외딴 봉우리

윤사월 해 길다

꾀꼬리 울면

산지기 외딴 집

눈먼 처녀사,

문설주에 귀 대고

엿듣고 있다.

　좋은 시詩, 불후의 명시는 마치 첫사랑의 연인을 처음 만났을 때처럼 첫눈에 우리의 마음을 사로잡는 시라고 한다.

　내가 고등학교에 다닐 때 자주 암송했던 시가 박목월님의 '윤사월'이었다. 늦은 봄날 공부하다 지루해지면 뒷산에 올라가 잔디밭에

누워서 하늘도 보고 때로는 저 멀리 외딴 집을 바라보며 '윤사월'을 암송하였다.

아무리 바쁜 생활이라지만 정말 가끔은 자기가 좋아하는 시를 읽을 수 있는 마음의 여유가 있으면 얼마나 좋을까.

봄을 찾아서

 산으로 들로 짚신이 다 닳도록 헤매며
진종일 봄을 찾았지만 봄은 없었네
돌아와 뜨락의 매화 향기에 미소 짓나니
봄은 여기 매화 가지 위에 활짝 피었네

이것은 어떤 여승의 오도시悟道詩라고 한다.

심원心願을 찾아 떠나는 구도의 여정이 선禪이다. 잃어버린 소를 찾아 헤매듯이 '마음'을 찾아 헤맨다. 산과 들로 봄을 찾아다녔지만 봄을 보지 못하고 지친 몸 이끌고 집에 돌아오니 뜰 앞에 활짝 핀 매화꽃 향기가 봄을 알린다.

겨울에는 땅도 얼고, 물도 얼고, 냄새마저 꽁꽁 얼어붙는다. 아직 눈에 봄은 보이지 않지만 문득 코끝을 스치는 바람결에 봄 냄새가 확연하다.우리 마음의 본 성품이야 어디 멀리 있겠는가. 항상 그 자리에 그대로 있는 것을…… 깨치고 보면 웃음이 절로 난다.

눈 오는 소리

내가 어렸을 때 살았던 강원도의 조그만 시골 마을은 겨울에 많은 눈이 내렸다. 나는 눈을 무척 좋아하여 눈이 내리면 호젓한 시골 산길을 혼자 걷곤 하였다. 아무 생각 없이 적막 속을 그냥 걷고 있으면 마음이 무척 행복했다.

어느 깊은 겨울 밤, 사방은 조용한데 소리 없이 내리는 눈 오는 소리와 저 멀리서 은은히 들려오는 비행기 소리를 들을 때면 왠지 내 마음은 그냥 슬펐다. 그래서 그랬는지 나는 젊은 날에 미국의 시인 로버트 프로스트의 '눈 오는 날 저녁 숲가에 서서'란 시를 무척 좋아하여 자주 낭송하였다.

깊은 어느 겨울 눈 오는 날 저녁
말을 타고 가던 나그네가
아름다운 숲가에서 잠시 쉰다.

눈으로 소복이 뒤덮인 숲이 너무도 아름다워

나그네는 잠시 넋을 잃고 그 숲을 바라본다.

오직 들리는 소리는 조용한 바람 따라

내리는 눈 소리뿐이다.

말은 주인의 갈 길을 재촉하듯

목을 흔들어 종소리를 내고

그때 주인은 다시 정신을 차려

늦은 밤 잠들기 전

가야 할 길이 남아 있고

지켜야 할 약속이 있음을 안다.

그 시의 내용은 이렇지만 영시를 그대로 읽어야 제 맛이 날 것이다.

좋은 시는 우리의 마음을 맑게 하고 우리를 마음의 고향으로 안내
한다.

다도 茶道

우리가 사는 것은 한 순간 한 순간을 사는 것이다. 내가 지금 이 순간을 사는 것은 친구와 차를 마시는 것이고 친구와 차를 마시는 것이 내가 지금 이 순간을 사는 것이다.

이와 같이 우리의 모든 의식이 오직 이 순간의 차 마시는 일에 집중되어 있고 다른 어떤 생각도 없다면 그것이 바로 다도이다. 검객이 적과 만났을 때 이긴다는 생각, 나라는 생각, 적이라는 생각도 없이 무심해야 하는 것처럼 차 마시는 사람이 차 마시는 일 이외에 어떤 생각도 없이 차를 마시면 그것이 바로 선이요, 다도이다.

그 사람은 주subject와 객object이라는 분별에서 자유로운 사람이며 공空의 세계에서 사는 무주無住의 사람이다. 차 마시는 일이 바로 선의 정신을 구현하는 일이다.

일본 사람들은 다도에서 화和, 경敬, 청清, 그리고 적寂을 추구하고 구현한다고 한다.

화는 화평함과 조화를 말하고 경은 모든 사람과 자연을 공경한다
는 뜻이며 청은 깨끗함과 순수함을 나타낸다. 적은 적정함과 고요함
을 나타낸다.

이 분주한 세속에서 살면서도 마음을 항상 고요하게 조용하게 유
지하는 것이 선이다.

다도의 정신은 선원禪院의 분위기와도 같다.

선과 무사도

일본의 사무라이들은 대부분 선 수행자들이었다. 적과 만나 생과 사의 대결을 다반사같이 해야 하는 사무라이들은 검을 잘 쓰는 검술도 좋아야 하지만 무엇보다 중요한 것이 적을 만났을 때의 마음가짐이었다. 두려운 생각에 또는 이기려는 지나친 욕심에 마음이 흔들리면 그는 바로 적의 칼을 맞고 목숨을 잃기 때문이다.

어떤 무사가 한 선사를 만나서, "생과 사의 기로에 있는 무사는 어떻게 행동해야 합니까?" 하고 물었다.

선사는, "너의 둘로 나누어 보는 것을 끊어 버려라."라고 간단히 대답했다. 그는 승패, 생과 사, 나와 적 등 모든 것을 둘로 나누어 보는 것을 끊어야 한다는 아주 간단한, 그러나 실천하기는 매우 어려운 가르침을 준 것이다.

우리가 김밥에 사용하는 노랑 단무지를 최초로 만들어 보급한 일본의 다쿠안 선사는 사무라이들에게, "마음이 어디에도 머물지 않게

"

하라. 적의 움직임을 단순히 인지만 하라. 그러면 적과의 대결에서 이
긴다. 너 자신도 생각하지 말고 주체와 대상의 대립을 초월하라."고
가르쳤다.

이 가르침 역시 선악과를 먹은 후 생긴 두 가지로 분별하는 우리의
습성을 버리고 마음을 비워 어디에도 머물지 않아야 승리할 수 있다
는 것이다.

검도의 최종 단계는 최고의 기량을 갖추고 선 수행을 통한 견성과
깨침을 얻는 것이다. 그때 그는 마음이 텅 비어空, 무심無心하게 되고
구름이 흩어지면 다시 나타난 달빛이 즉시 호수에 달그림자를 드리
우듯 어떠한 적의 공격에도 즉시 대응할 수 있다.

비치는 달도 그것을 받는 호수도 아무런 생각과 의도가 없다.

나무 닭

 나는 바둑을 잘 두지 못하지만 고수들의 대국을 보는 것을 매우 좋아한다.

여러 수를 미리 보고 착점을 한다든지 여러 가지 포석의 구상이라든지 북쪽을 치기 위하여 남쪽을 먼저 도모한다던지 참으로 볼거리와 배울 거리가 많다. 나는 그중에도 '돌부처' 이창호 9단을 제일 좋아한다. 그분이 잘 두고 승률이 좋기 때문이기도 하지만 무엇보다 바둑을 두는 그의 자세가 마음에 든다.

그는 무엇보다 바둑의 신사도를 지킨다. 더구나 그는 표정에 아무런 변화가 없다. 그도 언젠가 패했을 때 화장실에 가서 눈물을 흘린 적이 있었다고 하지만 거의 대부분 이겼을 때나 패했을 때나, 국면 운영이 좋을 때나 열세에 몰려 있을 때나 표정에 변화가 없다. 그것은 그의 마음에 큰 동요가 없기 때문일 것이라고 생각한다.

옛날 중국에 왕을 위해 싸움닭을 훈련시키는 명인이 있었다.

왕이 싸움닭을 그에게 맡긴 후 열흘이 지나고 물었다.

"이제 그 닭은 싸울 수 있겠는가?"

"아직 안 됩니다. 지금 그는 공연히 제 힘만 믿고 허세를 부립니다."

열흘이 지나자 왕이 또 물었다.

"아직 안 됩니다. 다른 닭의 울음소리를 듣거나 모습을 보면 당장 달려들려고 합니다."

또 열흘이 지나고 왕이 다시 물었다.

"아직 안 됩니다. 그는 상대를 만나면 노려보고 성을 냅니다."

열흘 후에 왕이 또 물었다.

"이제는 다 되었습니다. 상대가 울음소리를 내도 태도에 아무런 변화가 없습니다. 멀리서 바라보면 마치 나무로 만든 닭 같습니다. 그의 덕이 완성된 것입니다. 다른 닭이 감히 대응하지 못하고 도망쳐 버립니다." 하고 그 명인은 대답했다.

이것은 장자에 나오는 이야기다. 싸움닭은 상대를 만나도 마치 나무로 만든 닭처럼 조금도 흔들림이 없을 때 천하무적이 된다.

우리가 요즘 먹는 단무지를 만든 일본의 선승 다쿠안 스님이 도쿠가와 막부시대의 사무라이들에게 한 법문이 부동지신묘록不動智神妙錄이다. 적과 만나 생사의 대결을 해야 하는 사무라이는 어떻게 마음을 가져야 하는가에 관한 것이 그 책이다.

어떤 상황에서도 적절히 적에게 대응하려면 어디에도 마음을 두지 않아야 한다는 것이다. 무심히 적을 맞아 무심히 싸워야 한다는 것이 그 가르침의 핵심이다. 마치 나무 닭처럼 이기건, 패하여 죽게 되건 추호의 동요도 없는 마음을 갖는 것이 사무라이의 이상이다.

이창호 9단이 전생에 사무라이의 수련을 많이 쌓은 것은 아닌지 모르겠다.

완벽한 컴퓨터와 가상 현실

완벽한 컴퓨터와 가상 현실

컴퓨터가 만들어 내는 가상 현실은 아직은 완벽하지 않지만 그것이 완성되면 우리의 현실 세계와 99.9% 비슷하게 될지도 모른다. 컴퓨터를 통하여 만들어내는 가상 현실 속에서 사람들은 영상으로 만들어 낸 사람과 만나서 말도 하고 현실에서처럼 사랑도 할 수 있다고 한다.

평면으로 보는 영화보다는 입체 영화가 더 현실감이 있듯이 컴퓨터의 가상 현실은 입체 영화보다도 더 현실감이 높다. 그러나 컴퓨터가 만들어 내는 가상 현실은 우리 인간의 마음이 만들어 내는 4차원의 영상보다 아직은 완벽하지 못하다. 말하자면 인간은 완벽한 컴퓨터인 셈이다.

그 인간의 마음은 4차원 시공간의 영상을 만들고 그 속에서 시청자처럼 보기도 하고 배우가 되어 직접 참여하기도 한다. 잘 이해되지 않겠지만 잠잘 때 우리가 꾸는 꿈을 생각해 보면 쉽게 이해할 수 있다.

꿈은 우리 마음이 창조해 내는 일종의 가상 현실인데 내 몸은 잠을 자고 있지만 그 꿈속에서 나는 아름다운 여인과 감미롭고 짜릿한 사랑을 나눈다. 그 꿈속의 사랑은 현실에서 하는 사랑과 하나도 다르지 않다. 말도 하고 포옹도 하고 손이나 몸으로 느끼는 촉감도 하나도 다르지 않다. 그러나 깨고 보면 그것은 꿈일 뿐이다.

영상 기술 개발의 최종 목표는 인간이 기계로 만들어 내는 가상 현실이 우리 마음이 만들어 내는 '가상 현실'과 완전히 똑같게 만드는 데 있다고 하겠다.

우리가 '참'이라고 믿는 이 현실이 우리 마음이 만든 일종의 '가상 현실'이라고 볼 수 있으면 고통에서 해방될 수 있다. 그리고 '인생은 한바탕 꿈이다.'는 말을 이해할 수 있을 것이다. ✐

네트워크 사회와 보살

오늘날 인터넷은 우리 사회뿐만 아니라 전 세계를 하나의 거대한 네트워크 사회network society로 조직하고 있다. 이러한 세계적인 네트워크 사회가 출현함으로써 우리는 누구도 그 망에서 고립되어 존재할 수가 없게 되었다. 피차의 행동이 망을 따라 서로 영향을 주고받게 된 것이다.

얼마 전 미국에서 서브프라임 모기지 금융 사건이 터졌다. 1930년대 미국의 경제 공황은 미국에 국한하여 우리나라와는 아무 상관이 없었다. 그러나 이번 금융 사건의 충격파는 미국에만 국한되지 않고 전 세계로 퍼져 나갔다. 세계의 거의 모든 증권 시장은 그 충격파로 요동을 치고 일제히 폭락하는 현상을 보였다.

이제, '나비 효과'는 기상 시스템에만 존재하는 것이 아니다. 아프리카에서 나비가 날갯짓을 하면 뉴욕에서 태풍이 일어나는 이른바 '나비 효과'는 금융시스템에서도 일어날 수 있다. 미국의 서브프라임 모기지 금융 사건과 세계적 주가 폭락은 금융 시스템의 ‘나비 효과’ 인 셈이다.

붓다는 이미 2,550여 년 전에 화엄경에서 그것을 법계 연기法界緣起 라고 하며 인드라 망indra net으로 비유하여 말한다. 인드라 망은 하늘 에 처진 거대한 그물인데 그 그물의 코마다 맑은 보석이 달렸다. 그 보석들은 서로가 서로를 비추어 보석마다 다른 모든 보석들의 모습 이 보인다. 이것을 상즉상입相卽相入이라고 한다.

어느 한 사람이 여러 사람에게 이메일을 보내면 그것이 바로 다중 일one in many이고 그 한 사람이 여러 친구들로부터 동시에 이메일을 받으면 그것이 일중다many in one가 아니고 무엇인가. 이러한 네트워 크 사회에서는 사람들의 의식이 당연히 변화하지 않을 수 없다.

과거 고립된 시대에 가졌던 독자적이며 독립적인 의식에서 상호 의존적이며 상호 협력적인 마인드로 바뀌지 않을 수 없다고 한다. 독 자적 자아autonomous self가 관계적 자아relational self로 바뀌어야 망으로 짜인 세계에서 살아갈 수 있는 것이다.

그리하여 자기와 남의 장벽이 무너지고 종래의 대립과 투쟁의 마 인드가 상생적相生的 마인드로 바뀌지 않을 수 없다. 이러한 관계적 자아관이 끝까지 가면 바로 무아無我가 되는 것이다.

내가 한 나쁜 행동과 남에게 해가되는 행동은 곧 망의 연결을 따라 다시 내게로 돌아오니 나도 그 해악에서 자유로울 수가 없다는 것을 모두 잘 알게 되는 것이다.

얼마 전 '태안 기름 유출' 사고가 터졌을 때 많은 사람들이 자원 봉사에 참여한 것도 남의 아픔이 곧 나의 아픔이라고 느꼈기 때문이다. 이와 같이 변화무쌍한 사회적 요구에 부응하여 여러 가지 모습으로 살아가는 사람을 로버트 립턴Robert Lipton은 프로티언protean 인간이라 부른다. 그러한 '멀티 플레이어'들이 바로 여러 가지 변화된 모습으로 동시에 여러 곳에서 많은 사람들을 고통에서 구원해 주는 보살인 것이다.

비워야 채울 수 있다

 일본에서 있었던 일이다.

어떤 학자가 선승을 방문하여 차 대접을 받게 되었다. 그 선승은 학자 앞에 놓인 찻잔에 찻물이 넘치고 있는데도 계속 따르고 있었다.

"스님 찻잔이 넘칩니다." 하고 학자가 말했다.

"이처럼 가득 차면 더 부을 수가 없습니다." 하고 선승이 말했다.

이 세상을 정신없이 살고 있는 많은 사람들은 모두 그 마음에 무엇인가를 가득 채우고 다닌다. 근심으로 가득하고 자만심으로 가득하고 욕심으로 가득하다. 그렇게 가득 채웠으니 아무리 좋은 것을 주어도 더 이상 담을 수가 없다. 특히 나는 남보다 많이 알고 잘 났다는 생각으로 꽉 차 있는 사람은 남들이 아무리 좋은 얘기를 해주고 가르쳐주어도 그것을 받아들이지 못한다.

그러한 마음을 가진 사람에게 더 이상의 배움은 없다.

우리나라 선승들의 주 텍스트로서 가장 많이 읽히는 금강경에서 붓다는 아상我相을 비롯한 모든 상相을 버리라고 가르친다.

깨치지 못한 우리들은 현실을 인식할 때 대상의 특징이나 특성을 '이미지'로 만들어서 인식한다. 까마귀는 '흉한 새'라는 인식은 우리의 마음이 만든 이미지로서 까마귀의 실체와는 아무런 상관이 없다. 까마귀가 '길한 새'라는 것도 우리의 마음이 만들어 낸 이미지에 불과하다. 이러한 이미지를 상相이라고 한다.

우리의 마음이 분별하여 만들어 낸 상은 세 가지 특징이 있다.

첫째로, 그것은 하나의 대상을 '이다是'와 '아니다非', '옳다'와 '옳지 않다' 등 두 가지 상반된 것으로 분별한 것이고 둘째로, 그러한 상은 대상의 실제 모습이 아닌 허상이며, 셋째로, 그러한 상은 우리의 생각과 감정을 불러일으키는데 그것이 우리에게 큰 고통을 준다는 점이다.

'시어머니'라는 상이 얼마나 고통스러운 감정을 며느리에게 불러일으키는지 시집 간 여성들은 체험으로 안다.

인간은 아담과 이브가 선악과를 따먹고 낙원인 에덴 동산에서 추방된 이래 모든 것을 '선'과 '악', '좋은 것'과 '좋지 않은 것' 등으로 시비 분별是非分別하는 버릇이 우리의 마음 깊은 곳에 자리 잡고 있다.

옳은 것, 좋은 것은 가지려고 집착하고 그 반대의 것은 배척한다. 그리하여 개인과 개인 간, 집단과 집단 간, 국가와 국가 간에 이러한 시비와 갈등이 끊이질 않고 싸움과 전쟁이 계속된다. 그리하여 금강경은 고통의 세계인 차안에서 고통이 없는 니르바나의 세계인 피안彼岸에 가려면 모든 상을 버려야 한다고 가르친다.

"모든 상을 다 버린 사람이 곧 깨친 붓다이다離一切諸相 卽名諸佛."라고 한다.

모든 상을 우리의 마음에서 다 비운 것이 바로 공空을 실천하는 것이다.

시비 분별의 상이 가득한 사람은 그만큼 고통도 크다. 지식의 습득은 시비 분별을 통하여 이루어진다. 시비 분별을 잘하면 그만큼 지식과 재물이 쌓이고, 명예와 권력이 생길는지 모르지만 마음의 평화는 주지 못한다. 마음의 평화는 시비 분별의 상을 다 비울 때 찾아오고 마음의 평화가 있을 때 참행복이 있다.

모든 상을 우리의 마음에서 다 비우면 검은 구름이 다 걷혀 때 묻지 않은 진면목이 저절로 드러난다. 이렇게 우리 마음의 참성품을 보는 것을 견성見性이라 한다.

그러므로 상을 다 떠난 사람이 깨친 사람이라고 하는 것이다.

선승이 찻잔이 넘치는데도 계속 차를 따른 것은 이러한 깊은 가르침을 차를 마시는 일상에서 간단히 보여준 것이다.

지식은 매일매일 채우는 것이지만 도道는 매일매일 비우는 것이다.

내가 어렸을 때 농촌에서는 돼지, 개, 그리고 소를 많이 키웠다. 개는 '집 지킴이'로, 소는 '일꾼'으로, 그리고 돼지는 주로 잔치나 다른 큰일에 잡아서 쓰기 위하여 길렀다.

요즘이야 농촌에서도 농기계가 주로 농사일에 쓰이기 때문에 소가 더 이상 농사일을 하지 않지만 그때는 그렇지 않았다. 소를 잡아서 잔치에 쓰는 일은 아주 드물었고 주로 돼지를 잡아서 썼다.

딸을 시집 보내거나 아들을 장가 보낼 땐 그동안 길러 왔던 돼지를 잡아서 잔치에 온 손님들에게 대접하고, 일년에 한두 번씩 지내는 고사 때도 돼지를 잡아서 쓴다. 그러한 전통은 지금까지 이어져 신장개업식 같은 데서는 꼭 돼지 머리 하나 정도는 상에 올려놓는 것이 기본이 되었다.

돼지는 먹다 남은 음식물을 주로 먹여 키웠는데 먹기도 잘하지만 잠도 잘 자고 매우 건강하였다. 돼지 하면 욕심이 많고 잘 먹고 살이

잘 찌는 것을 상상하여 누가 아무거나 잘 먹으면 돼지같이 잘 먹는다고 한다. 그리고 통념상 '먹을 복'이나 '행운'을 연상하게 되고 심지어 돼지 상을 한 사람은 식복을 타고난 사람으로 생각하고 돼지가 꿈에 보이면 큰 재물이 들어올 거라고 기대한다.

내가 아는 사람은 IMF 때 우리나라는 곧 괜찮아질 것이라고 하면서 그 이유는 그 당시 대통령의 상이 '돼지 상'이기 때문에 경제적 어려움은 없을 것이라고 농담같이 내게 말했다.

우리가 시시한 꿈을 꾸면 그것은 '개꿈'이야 하고 무시하고 '돼지 꿈'을 꾸면 아주 좋아한다. 사실 개꿈도 돼지꿈도 자면서 우리 마음이 만들어 내는 한 편의 공상 영화인데 그것에 큰 의미를 부여하며 차별하는 것은 우리 마음의 장난에 불과하다. 궁극적인 입장에서 보면 돼지는 본질적으로 '복 있는 것'도 아니고 '복이 없는 것'도 아니다. 우리가 통념상 복 있는 것이라고 믿고 있을 뿐이다.

그러나 생활 세계에서 매일 힘겹게 살아가는 보통 사람들은 참으로 힘들 때는 아무리 사소한 것이라도 의지하고 싶어한다. 그리하여 많은 사람들이 혹 '돼지꿈'이라도 꾼 날엔 행운이 있을 것이라 기대하며 주식을 사던가 복권을 산다.

요즘 세계적으로 그렇지만 우리나라도 경제가 아주 어려워지고 있다. 이렇게 앞이 암울할 때는 온 국민이 다 같이 한바탕 돼지꿈이라도 꾸고 희망과 용기를 내서 이 위기를 잘 극복했으면 좋겠다.

메아리

깊은 산골짜기에서 소리치면 그 소리는 메아리가 되어 돌아온다. 골짜기도 텅 비어 있고 메아리도 텅 비어 있다. 누가 욕하고 비난하는 소리도 빈 골짜기에 울리는 메아리처럼 텅 빈 것이다.

이것은 티베트의 현자가 들려주는 말씀이다.

가장 좋은 책

티베트의 성자 밀라레빠는, "우리 주위의 세상이 가장 좋은 책이다."라고 말했다.

인쇄된 책만이 책이 아니다. 오히려 흰 구름, 개구리, 어린아이까지 우리 주위의 모든 것이 보다 훌륭한 스승이 될 수 있다.

우리 마음의 눈이 열려 있으면 그 모든 것으로부터 말없는 가르침을 들을 수 있다. 개구리로부터 천천히 사는 지혜를 터득할 수도 있고 매미로부터 한여름의 향연을 위하여 그 오랜 시간 동안 인고하는 것을 배울 수도 있다.

여름철의 폭우가 저 높은 산의 협곡을 미친 듯 지나 큰 강에 이르러 유유히 흐르는 모습을 보고 인생의 노년기에 유유자적하는 아름다움을 배울 수도 있다.

그리고 가을에 붉게 물든 단풍잎이 겨울이 되어 떨어지는 것을 보면서 때가 되면 물러나는 지혜를 배울 수도 있다. 실패한 사람을 보고는 어떻게 하면 실패하고 성공한 사람에게서는 성공의 비결을 배울 수도 있다.

'배울 준비가 된 사람'에게 진리의 가르침은 여러 가지 모습으로 온다. 개구리나 까마귀가 스승이 되기도 하고 히말라야의 설산과 인적 없는 깊은 산속의 맑은 호수가 가르침을 주기도 한다. 대나무 사이를 스치는 바람과 발끝에 걸려 튕겨 나가는 돌 하나 조차 선지식이 될 수 있다.

인생 도처가 우리의 학습장이다. 그런데 유감스럽게도 우리는 많은 경우 귀가 닫혀 있고 마음의 문이 꼭꼭 잠겨 있다. 좀처럼 남의 말에 귀를 기울이지 않고 자기의 생각이나 지식을 전달하려고 한다.

그러니 말 없는 가르침에야 더 말할 수 있겠는가.

마음의 문이 닫혀 있으면 복을 주어도 받지를 못한다. 혹시 우리는 마음속으로, "됐거든요, 너나 잘하세요." 하고 말하고 있는 것은 아닌지 모르겠다. 🐟

까마귀 생각

까마귀 생각

어느 날 이른 아침에 까마귀 한 마리가 나무위에 앉아서, "까악, 까악" 하고 울어댔다. 그때 마침 옆집에 살던 젊은 사람이 엽총을 들고 나오더니, "저 재수 없는 놈" 하며 총을 쏘았다. 그 까마귀는 총을 맞고 땅에 떨어져 죽었다. 마침 총소리에 놀란 이웃집 할아버지가 나오시며 "아, 이 죽일 놈아, 그 까마귀가 무슨 죄가 있노? 쯧쯧쯧……." 하며 그를 나무랬다.

할아버지 말씀처럼 죄 없는 까마귀를 죽인 그 젊은이가 오히려 '죽일 놈(?)'은 아닐까. 우리나라 사람들은 까마귀를 흉한 새라고 하여 무척이나 싫어한다. 그런데 일본 사람들은 까마귀를 '흉한 새'가 아니라 우리가 까치를 반갑게 대하듯 '길한 새'로 대한다고 한다.

까마귀에게 본래 흉하고 길한 것이 있는 게 아니고 그렇게 보는 우리의 마음에 있다. 그리고 그렇게 보게 되는 것은 우리가 어렸을 때부터 보고 듣고 배운 것이다. 까마귀가 '흉한 새'라고 인식하는 것은 교육된 인식이요, 습관화된 인식이다.

소에게 천국인 인도

요즘 급속한 공업화를 하고 있지만 인도는 아직도 가난한 나라이다. 못사는 사람들이 많고 노숙자도 눈에 많이 뜨인다. 그러나 인도는 신비스러운 나라이다. 물질적으로는 가난하지만 정신적인 면에서는 결코 가난한 나라가 아니다.

인도를 여행한 분들은 잘 알겠지만 자동차가 빨리 달리기 여간 어렵지 않다. 도로가 나쁘기도 하지만 길거리를 마음대로 다니는 소들 때문이기도 하다. 그리하여 인도는 소에게 있어서 천국이다. 인도의 소는 우리나라에서처럼 일도 하지 않고 잡아먹히지도 않는다.

우리나라에서는 신성한 동물로 대우 받지 못하는 소가 인도에서는 왜 그렇게 신성한 대우를 받는가? 그것은 인도 사람들이 소를 '신성시' 하기 때문이다.

인도에서는 '신성한' 소가 우리나라에서는 신성하지 않은 것을 보면 소 자체에 본질적으로 '신성함' 이 있는 것이 아니고 인도인이 소가 '신성하다'고 마음으로 인식하기 때문이다. 그리고 그렇게 인식하도록 아주 오랫동안 사회 전체가 교육하여 그것은 하나의 습관이 된 것이다. ➤

겉모양에 속지 말자

맑았던 여름 하늘에 새까만 구름이 몰려오고 갑자기 소나기가 퍼붓는다. 구름이 비가 되어 내린 것이다. 빗물은 강으로 흘러서 결국 바다에 이르고 그것은 또 수중기로 증발하여 구름이 된다.

이와 같이 구름은 비로, 강물로, 바닷물로, 그리고 수중기로 계속 모습을 바꾸지만 물이란 본성은 변함이 없다. 비록 그것이 겨울에 얼음과 눈으로 모습을 바꿀 때도 마찬가지로 물이 본래 가지고 있는 성질에는 변함이 없다.

밤에 집집마다 켜져 있는 전기불도 전구의 모양과 색깔이 다 다르다. 겉으로 보기에는 전혀 관계가 없는 별개의 존재처럼 보인다. 그러나 전선을 따라 흐르고 있는 전기 에너지는 다 같은 것이다. 우리 집 전구에 들어오는 전기도 이웃집의 전구에 가는 전기도 다 같은 전기 에너지이다.

우리가 겉모양만 보게 되면 모양도 색깔도 다르니 서로 아무 관계

없는 별개의 존재라고 인식하기 쉽다. 그러나 그 겉모양 뒤에 있는 사물의 본질을 보게 되면 모두가 하나임을 알게 된다. 개와 소도 그러하고 동물과 사람도 그러하다. 개와 소는 분명히 모습이 다르지만 생명 에너지의 입장에서 보면 다 같은 존재이다. 동물과 사람은 더욱 모습이 다르지만 생명 에너지라는 본질에서 보면 다 같다.

서로 죽기 살기로 싸우는 사람들도 분명히 모습과 이름이 다 다르지만 생명이란 본질에서 보면 다 하나이다.

이와 같이 구름과 물은 다르면서 같은 것이고 사자와 사슴은 다르면서 같은 것이다. 동물과 사람은 다르면서 같고 마찬가지로 '나'와 '너'도 다르면서 같은 것이다.

이와 같이 사물의 겉모양이 아닌 사물의 본질을 볼 수 있으면 새로운 세계에 눈뜨게 된다.

개별의 전구는 수시로 생겼다 소멸하고, 저 구름도 수시로 생겼다 소멸한다. 사자도 사슴도 탄생과 소멸을 거듭하고 '너'와 '나'도 탄생과 소멸을 거듭한다. 그러나 전기 에너지와 생명은 영원 불멸이다. 그리고 모두 하나이다.

개의 착각

어렸을 때 읽었던 우화 한 가지가 생각난다.

지나가던 개가 길에 떨어진 소고기 덩이를 물고 간다. 마침 강에 놓인 다리 위를 지나게 되었는데 강물에 또 한 마리의 개가 고기를 물고 있는 것이다. 그 개는 그것이 강물에 비친 자기 모습인 것을 모르고 그 개가 물고 있는 고기를 빼앗으려고 짖으며 달려들다가 자기가 물고 있던 진짜 고기 덩이를 물속에 빠뜨리고 말았다는 이야기이다.

평면의 2차원 세계에 살고 있는 사람은 강물에 비친 달이 진짜 달인 줄 알고 땅에 드리운 소나무의 그림자를 진짜로 안다. 그 사람이 진짜 달과 진짜 소나무를 보려면 3차원 이상의 세계에 눈을 떠야 가능하다. 그때 그는 비로소 하늘에 떠 있는 달이 진짜이고 물속의 달은 다만 그림자일 뿐임을 알게 되고, 하늘을 향하여 서 있는 소나무가 진짜 소나무이고 땅에 드리운 그림자는 다만 그림자일 뿐임을 알게 된다.

우리도 이 세상에서 많은 것을 착각하며 살고 있다. 그러한 착각에서 벗어나려면 보다 높은 차원에 눈떠야 한다. 그것은 오직 마음 공부를 통해서만 가능한 일이다.

2차원의 인간이 '부피'나 '높이'라는 개념을 모르듯이 일상의 상대적 차원을 초월하지 않고는 궁극적이며 절대적인 진리를 알 수 없다.

'나'는 내가 아니다

어떤 것이 진정으로 내 것이라면 내가 마음대로 할 수 있어야 한다.

그런데 내가 그렇게도 애지중지하는 나의 '몸'은 내 마음대로 되질 않는다. 아프고 싶지 않은데 병이 생겨 아프고, 자고 싶을 때 잠도 오지 않는다.

'느끼는 것'도 내 마음대로 안 된다. 좀 덥지 않았으면 좋겠는데 여름에는 더워서 죽을 지경이고, 누가 내게 기분 나쁜 행동을 하면 몹시 속상하고 화가 난다. 까마귀를 보면 불길한 새라고 나도 모르게 '인식'해 버리는가 하면 아무 죄 없는 사람을 보고는 저 사람은 '보수 꼴통이야'라고 단정해 버린다.

이러한 인식과 판단도 내 마음대로 하는 것 같지만 엄밀히 따지고 보면 그렇지 않다.

나의 '생각'도 내 마음대로 안 된다. 기억하고 싶지 않은 생각들이 계속하여 떠올라 우리를 괴롭히고 편안한 수면을 방해한다.

이와 같이 나의 몸, 느낌, 생각 그리고 인식과 판단 등 나를 구성하고 있는 그 모든 것이 내 마음대로 되지 않으니 그것을 어떻게 내 것이라 할 수 있으며 나라고 하겠는가?

지금까지 나라고 믿었던 나의 몸과 느낌과 생각 등 나의 구성체는 결국은 진정한 내가 아니다. 그것들은 수시로 변하여 무상하고 우리에게 많은 괴로움을 준다. 그러니 그것을 그렇게도 애지중지하고 그렇게도 강하게 '나'라고 집착하며 살고 있는 우리가 좀 우습지 않은가. ✐

쓸모 없는 나무와 거위

장자가 보니 벌목하는 사람이 가지와 잎이 무성한 굉장히 큰 나무를 자르지 않고 그냥 지나갔다.

"그 나무는 왜 자르지 않소?"

"그 나무는 쓸모가 없기 때문이요" 하고 대답했다.

장자는 산에서 내려와 친구 집을 방문하였다. 그 친구는 오랜만에 온 장자를 대접한다고 아랫사람에게 집에서 키우던 거위를 한 마리 잡으라고 말했다.

"거위가 두 마리 있는데 한 놈은 꿱꿱하고 잘 우는 놈이고 다른 녀석은 울지 않는 놈입니다. 어느 놈을 잡을까요?"

"울지 못하는 놈을 잡아라" 하고 주인이 말하였다.

나무는 '쓸모가 없기' 때문에 살았고 거위는 '쓸모가 없기' 때문에 목숨을 잃었다.

쓸모 있음과 쓸모 없음은 사물의 본질적 속성이 아니다. 그것은 우리가 어떻게 보느냐에 달려 있다.

만일 장자의 친구가 조용한 것을 좋아하고 시끄러운 것을 싫어하는 사람이었다면 시끄럽게 우는 거위가 죽었을 것이다. 쓸모 없음을 모든 선택의 기준으로 삼는다면 당혹스러운 경우를 당할 수 있다. 그 반대로 쓸모 있음을 모든 선택의 기준으로 삼는 경우도 마찬가지일 것이다.

쓸모 있음과 쓸모 없음을 초월하여 그에 구속되지 않는다면 자유자재하게 사태에 응할 수 있다. 특히 멀리 떨어진 곳에서 작전을 하는 부대나 공사를 하고 있는 팀에게 행동의 지침을 내릴 때 이런 일이 자주 발생할 수 있다. 그래서 제갈량은 출정하는 장수에게 보통 계략을 담은 주머니를 세 개씩 주는 때가 가끔 있었다. 한 가지 지침으로 모든 경우에 대비할 수 없다는 것을 그 자신이 너무도 잘 알고 있었기 때문이다.

사흘 만에 죽은 새

옛날 중국에서 있었던 일이다.

하루는 귀한 바닷새 한 마리가 한 제후의 집에 날아들었다. 그는 그 새에게 소, 돼지, 양의 고기와 술을 대접하고 음악도 연주하여 들려주었다. 그 새는 사흘 만에 죽고 말았다.

새는 새같이 먹이고 새답게 키워야 하는데 그는 마치 귀한 사람 대접하듯 그 새를 먹이고 키운 것이 화근이 되었다. 새로 하여금 숲속에서 살게 하고 호수나 물가에서 놀게 하고 미꾸라지 같은 작은 물고기를 잡아먹게 하는 것이 새를 새같이 키우는 것인데 그는 그것을 역행하여 자기 욕심대로 사람같이 키웠다.

요즘 애완견을 키우는 것을 보면 사흘 만에 죽은 바닷새 생각이 난다. 자연에 역행하고 개의 본성에도 어긋나게 마치 귀한 어린아이 키우듯 좋은 것을 먹이고 따듯한 집에서 사람처럼 같이 살고 있다.

그러한 의식은 어린아이들을 키울 때도 마찬가지로 작용한다. 어린아이의 입장에서 어린아이에 맞게 키우는 것이 아니고 어머니의 욕심과 고정 관념에 맞게 키우고 있으니 많은 문제가 발생한다.

어떤 어머니는 아이를 곁에 두고 싶은 맹목적인 욕심 때문에 그 아이가 외국에 가서 좋은 교육을 받을 수 있는 기회를 막아 버렸다. 너무 공부하라는 심한 압박을 견디지 못한 아이들이 가출하거나 스스로 목숨을 끊는 경우도 있다.

꽃도 때가 되어야 피어나듯 공부도 때에 알맞게 시켜야 한다. 때가 아닌데 일찍 나와 설치는 개구리는 곧 닥치는 한파에 얼어 죽게 된다.

무지개의 진면목

한여름 소나기가 한차례 지나가고 해가 다시 나면 하늘에 아름다운 무지개가 서는 것을 가끔 볼 수 있다. 아치형의 모양을 한 무지개는 그 색깔이 너무도 아름답다. 그 무지개를 지상에서 바라보면 반원으로 보이지만 하늘에 떠 있는 비행기에서 보면 둥근 원으로 보인다고 한다.

저 무지개의 진짜 모습은 무엇일까.

비행기에서 폭탄을 투하하면 그 떨어지는 폭탄의 낙하 궤도는 지상에서 보면 포물선으로 보이지만 비행기에서 보면 일직선으로 보인다고 한다.

폭탄의 낙하 궤도의 참모습은 무엇인가.

아인슈타인은 관찰 방법에 따라 변하지 않는 관찰 대상 자체의 존재 법칙은 없다고 하였다.

이와 같이 세상의 모든 것은 우리의 보는 관점과 입장에 따라 다

256

르다.

　나는 이것이 맞는다고 하는데 다른 이는 틀리다고 한다. 한쪽은 무지개의 모양이 반원이라고 주장하는데 다른 쪽은 무지개가 둥근 원의 모양이라고 주장한다.

　이와 같이 우리가 살고 있는 이 생활 세계에는 시是와 비非의 상반된 주장이 끊이질 않는다.

　그곳은 이분법二分法의 논리가 지배하는 상대 세계相對世界이다. 서로 상반된 주장이 무지개의 모양에 관한 것이 아니라 권력이나 돈과 같은 이해관계에 관한 것이라면 그 시비와 갈등의 강도는 엄청나다. 그리하여 우리의 생활 세계에서는 시비와 갈등과 싸움이 끊이질 않고 전쟁터를 방불케 한다.

　이러한 고통스러운 상황을 피하기 위하여 예禮를 내세워 보기도 하고 법으로 해결해 보려고도 하지만 완전한 해결책이 되지 못한다. 서로 양보하는 사랑의 정신이 필요하지만 그것이 말처럼 쉽게 되는 것이 아니다.

　결국 모든 사람들이 사물의 참성품을 보고 모든 상대相對가 끊어진絕 자리, 즉 절대絕對의 자리로 나아가야 그것이 가능하다. 그리하여 사물의 참모습이 비어 있다고 알 때 서로의 입장을 이해하고 양보하는 일이 가능하다.

　무지개가 둥근 원의 모양이라는 주장이 절대적으로 맞는 것이라면 누구나 다 그렇게 보아야 한다. 그러나 현실은 그렇지 않으므로 그것이 절대적으로 맞는 주장이 아니다.

반대로 무지개가 반원의 모양이라는 주장이 옳은 것이라면 누구나 다 그렇게 보아야 하지만 현실은 그렇지 않다. 그 반대로 보는 사람들이 있기 때문이다. 그러므로 반원의 모양이라는 주장도 절대적으로 맞는 주장은 아니다.

그리하여 무지개는 궁극적으로 볼 때 '반원'도 아니고 '둥근 원'도 아니며 텅 비어 있는 존재라고 알 때 비로소 그러한 주장에 대한 집착이 사라지고 이해와 포용이 가능하다.

원효대사는 당시의 사회적 대립과 갈등에 대한 처방으로 '십문화쟁론十門和諍論'이란 유명한 글을 남기셨는데 그 내용의 핵심이 바로 양극단의 주장을 초월하여 버리지도 말고 취하지도 말라는 것이다. 🪶

안나푸루나

내가 주례를 맡았던 신혼부부가 10여 년 전에 네팔의 포카라에 신혼여행을 갔다 와서 꼭 한 번 가 보라고 권한 후 포카라 여행은 내 꿈이 되었다. 그때만 해도 네팔은 우리나라에 그렇게 알려지지 않은 관광지였다.

일 때문에 좀처럼 시간을 내지 못하다 2007년 9월 말에 드디어 꿈을 실현하게 되었다.

도예가 안석영 선생과 함께 카트만두를 거쳐 포카라에 도착하였지만 아직 우기가 끝나지 않아 하늘은 흐리고 비가 내려 그렇게 꿈에 그리던 설산을 볼 수 없었다. 그렇게 애타게 기다리던 나에게 사흘째가 되어서 안나푸루나와 마차푸차레는 그 신비스러운 모습을 드러냈다. 그것도 한밤중에 하얀 눈을 이고 있는 설산을 보게 되었으니 그 신비스러움은 말로 표현할 수 없었다.

한밤중에 화장실을 다녀오며 혹시나 날이 개었는가 확인하려고 창

문의 커튼을 열자 내 눈앞에는 안나푸루나의 영봉들과 마차푸차레의 설산들이 잡힐 듯이 펼쳐져 있었다. 그 순간 나는 너무 감격스러워 "아, 아……" 하며 소파에 그대로 주저앉아 한동안 그대로 있었다.

모두가 잠들은 절대 정적의 그 시간에 혼자서 설산을 보고 있으니 모든 것이 일시에 정지한 듯하였다. 아무 생각도 나지 않고, 본다는 의식도 없이 그냥 존재했었다는 것이 맞는 표현일 것이다.

뒤에 안 사실이지만 밤에 설산을 보는 일이 그곳에 사는 사람들에게도 자주 있는 일이 아니라는 것이다.

그때 나는 왜 수행자들이 설산을 수행처로 자주 찾는지 그 이유를 알 것 같았으며, 어떤 젊은 영화 감독이 40회 이상 네팔을 찾게 되었는지 그 이유를 알 수 있을 듯하였다.

자연은 치유의 사원

일하다 몸과 마음이 지치거나 골치 아플 때 나는 산이나 숲을 찾는다. 깊은 산속 숲속이나 계곡을 걷고 있노라면 어느새 나는 자연과 하나가 된다. 그러면 내 몸과 마음의 피로는 씻은 듯 사라지고 나의 모든 세포는 즉시 생기를 되찾는다.

눈 오는 시골 호젓한 산길도 좋고 벼가 누렇게 익어 가는 가을 황금 들판 길을 걸어도 좋다. 누렇게 익어 가는 들판을 걷다 보면 문득 어렸을 때 가을 들판을 걷던 생각이 나며 왠지 모르게 내 마음에 쓸쓸함이 스쳐 지나간다.

자연은 치유의 사원이다.

자연은 시비하고 다투지 않는다.

자연은 말이 없다.

자연은 생각하고 번뇌하지 않는다.

그리고 자연은 경쟁하고 시기하고 질투하지 않는다.

그러므로 자연은 우리의 시비하는 마음을 잠재우고 우리의 시끄러
운 마음을 침묵케 하고 우리의 생각하고 번뇌하는 마음을 잠재워 주
고 우리의 경쟁하고 시기하고 질투하는 마음을 쉬게 한다. 그래서 자
연은 우리의 몸과 마음을 치유하는 하나의 거대한 사원이다.

지금 우리는 자연과 너무 격리된 채 살고 있다. 그러므로 자연 속
에서 자연과 하나되어 자연스럽게 사는 것이 그 어느 때 보다 필요
하다.